Michael Titze / Inge Patsch • Die Humor-Strategie

Michael Titze / Inge Patsch

Die Humor-Strategie

Auf verblüffende Art Konflikte lösen

Kösel

Adressen

HumorCare Deutschland e.V.
Gesellschaft zur Förderung von Humor in Therapie, Pflege, Pädagogik und Beratung
c/o Wendelsgrundweg 12
D-78532 Tuttlingen
Tel.: 0049-7461-2064
Fax: 0049-7461-15508
E-Mail: humorcare@t-online.de
Internet: www.humorcare.com

Institut für Fort- und Weiterbildung
Logotherapie und Existenzanalyse
Lizumstr. 34
A-6094 Axams
Österreich
Tel.: 0043-5234-68844
Fax: 0043-5234-65252
E-Mail: inge_patsch@onemail.at
Internet: www.existenzanalyse.co.at

Die Förderung der Bildung und Erziehung im Sinne des geistigen Erbes Viktor E. Frankls (1905–1997) ist ein Anliegen des Instituts für Fort- und Weiterbildung. Der Humor hat als »Existenzial«, als Mittel der Distanzierung von existenziell frustrierenden Erfahrungen eine zentrale Bedeutung.

Druck und Bindung: Pustet, Regensburg
Umschlag: Kaselow Design, München
Umschlagmotiv: akg-images
Illustrationen: Burghard Fiechtner, Telfs/Tirol
ISBN 3-466-30673-6

Gedruckt auf umweltfreundlich hergestelltem Werkdruckpapier (säurefrei und chlorfrei gebleicht)

Inhalt

Hinweis für das Lesen dieses Buches

Dieses Buch ist in fünf Teile gegliedert: Im ersten Teil finden Sie einige theoretische Voraussetzungen für die lebenspraktischen Schlussfolgerungen im zweiten Teil und dritten Teil. Wen vor allem humoristische Gesprächstechniken interessieren, findet diese im vierten Teil des Buches. Und wer sich durch witzige Sprichwörter, Sprüche, Stilblüten usw. inspirieren lassen will, wird im Anhang fündig.

Zum Geleit

Vor Ihnen, liebe Leserin, lieber Leser, liegt ein außergewöhnliches Buch. Es fasst Erkenntnisse zusammen, die Michael Titze in seiner Arbeit mit therapeutischem Humor über die Jahre gewonnen hat. Ich lernte ihn 1985 kennen, als ich das *Handbook of Humor and Psychotherapy*[1] herausgab. Niemals zuvor hatten sich Psychotherapeuten so ernsthaft und so intensiv mit der heilenden Kraft des Humors befasst. Die bekanntesten Humorexperten berichten in diesem Buch über ihre Arbeit und Michael Titze war der einzige Europäer, der seinen Teil beitrug. Seit dieser Zeit arbeiten wir eng zusammen. Wir haben im Hinblick auf die Humorentstehung einige wichtige Erkenntnisse gewonnen, zum Beispiel diese:

Ein schlagfertiger Mensch, der seine Mitmenschen auf sarkastische oder gar zynische Weise niedermacht, mag vielleicht einen kurzfristigen Lacherfolg verbuchen. Er stellt aber kaum eine positive Beziehung zum Mitmenschen her! Und das aus einem einfachen Grund: Dieser Mensch will glänzen, sich vor den anderen hervortun, will der strahlende *Sieger* sein. Der therapeutische Humor zielt aber nicht auf diesen schnellen Lacherfolg ab. Er will auch nicht um jeden Preis unterhaltsam sein. Um was es ihm vor allem geht, sind kreative *und* heilsame Problemlösungen, die die zwischenmenschlichen Beziehungen fördern. Michael Titze wies schon vor 20 Jahren darauf hin, dass ein konstruktiver Humor weder Sieger noch Verlierer, sondern nur *Gewinner* kennt!

Inzwischen hat der therapeutische Humor seinen festen Platz im weiten Bereich psychosozialer Aktivitäten gefunden. Dazu gehört nicht nur die Psychotherapie, sondern auch die Krankenpflege, Pädagogik, Persönlichkeitsbildung und die

Lebensberatung. In diesem Zusammenhang hat Michael Titze in den letzten Jahren innovative Techniken entwickelt. Es sind dies amüsante und lehrreiche Anregungen, wie die alltäglichen Kommunikationsprobleme und Beziehungsfallen auf eine gewinnende Weise – eben humorvoll – bewältigt werden können. Diese Techniken werden im vorliegenden Buch vorgestellt.

Ich bin überzeugt, dass dieses Buch einen großen Leserkreis finden wird. Es wurde für Menschen geschrieben, die in einer zunehmend komplizierten Welt nach Möglichkeiten suchen, erfolgreich ihren eigenen Weg zu gehen und dabei gleichzeitig ihre sozialen Beziehungen zu verbessern.

Bücher über heilsamen Humor gibt es viele. Sie listen vor allem die Segnungen auf, die das Lachen dem menschlichen Geist und Körper angedeihen lässt. Was mir dabei auffällt: In ihnen wird kaum geklärt, wie man den Prozess der *Humorentstehung* – bei sich selbst und bei den Mitmenschen – in Gang setzt. In diesem Buch wird genau das gezeigt. Ich lade Sie, liebe Leserinnen und Leser, deshalb ein, den spannenden Weg der Humorentstehung zu beschreiten und die vielfältigen Facetten genussvoll auszuloten, die von den Autoren aufgezeigt werden.

Waleed A. Salameh, PhD., MSc^2
Humor and Health Institute, San Diego

Einleitung

Der *Duden* definiert den Humor als die Gabe eines Menschen, den Unzulänglichkeiten der Welt und der Menschen sowie den Schwierigkeiten und Missgeschicken des Alltags mit *heiterer Gelassenheit* zu begegnen. Der Schauspieler Theo Lingen ging noch weiter. Er sprach von einer »famosen Turnübung, die darin besteht, sich selbst auf den Arm zu nehmen«. Somit dürfte es sich beim Humor um eine beachtliche Strategie der Lebensbewältigung handeln.

Humor entsteht im Spannungsverhältnis kindlicher Affektivität und der Vernunft des Erwachsenen. Ein Kind will Selbstbestätigung, und wenn es diese bekommt (auch auf Kosten anderer!), äußert es diese im Lachen. Ein Erwachsener verfährt »diplomatischer«: Er oder sie ist höflich, sozial einfühlsam oder bedachtsam, indem auf kurzfristige Erfolgserlebnisse verzichtet wird, um langfristig Vorteile im sozialen Leben zu erzielen. Diese im Grunde widersprüchlichen Strategien werden im Humor so miteinander verbunden, dass sie jeweils kurzfristig aktiviert und dann – zu Gunsten der jeweils anderen Strategie – wieder zurückgenommen werden. Wir bezeichnen dies als *Reduktion*. Sie ermöglicht eine *paradoxe Verschmelzung*, die den Humoristen unvernünftig *und* vernünftig denken und handeln lässt. Diese Verschmelzung erweitert einerseits den Horizont, andererseits bewirkt sie eine Relativierung der jeweiligen Geltung beider Strategien: Die spontane Affektivität des Kindes vermengt sich mit dem abwägenden Ernst des Erwachsenen, so dass eine neue Haltung entstehen kann – die heitere Gelassenheit des Humoristen! Der Münchner Kinderpsychologe Kurt Seelmann illustrierte diese Haltung anhand einer Kindheitserinnerung:

»Im Beichtunterricht behandelte der sittenstrenge Geistliche das sechste Gebot. Eindringlich schwor er uns Schüler auf ein keusches Leben ein. Andernfalls kämen wir schnurstracks in die Hölle, sollten wir zum Beispiel nach einem Verkehrsunfall ums Leben kommen. So standen wir nach Unterrichtsschluss ziemlich verstört an der Straße, wo die damals noch eher seltenen Autos vorbeibrausten. Obwohl die meisten von uns gar nicht so recht wussten, ob – und vor allem, wie! – sie schon gegen das sechste Gebot verstoßen hätten, hatten wir alle Angst vor der Hölle – bis auf eine Ausnahme: Es handelte sich um einen übergewichtigen, rotbackigen Jungen, einen Sitzenbleiber, der den Beichtunterricht ebenfalls wiederholte. Mit einem breiten Grinsen rief er uns anderen zu: ›Jetzt müass ma halt a bissel besser aufpass'n mit'm Verkehr – aber mach'n tun ma's trotzdem!‹«[3]

Weil der Humorist in zwei verschiedenen Welten – der des Kindes und der des Erwachsenen – steht, hat er eine gute Standfestigkeit – und nicht selten steht er auch über den Dingen. So vermag er oder sie gerade das zu belächeln, was das Leben eigentlich belastet. Dazu gehören die Missgeschicke des Schicksals ebenso wie die Enttäuschungen, die von anderen Menschen ausgehen, und selbstverständlich auch die eigenen Schwächen. All dies vermag der Humorist mit einer leisen (Selbst-)*Ironie* auf die Schippe zu nehmen. Seit Sokrates bezieht sich dies auf eine Kommunikationsweise, die das Gegenteil von dem meint, was vordergründig zur Sprache gebracht wird. Der Philosoph Søren Kierkegaard war überzeugt, dass ein humanes Leben ohne die existenzielle Reinigung der Ironie gar nicht möglich sei. Er beschrieb ihre Wirkung so:

»Die Ironie setzt Schranken und gewährt damit Wahrheit, Wirklichkeit, Inhalt. Die Ironie ist ein Zuchtmeister, welcher [...] von dem geliebt wird, der ihn kennt. Wer Ironie schlechterdings nicht versteht, wer für ihr Raunen kein Gehör besitzt, ermangelt eben damit desjenigen, das man als den absoluten Anfang persönlichen Lebens nennen könnte. [...] Die Ironie ist eine Reinigungstaufe; die Erfrischung und Stärkung liegt darin, dass man, wenn die Luft zu drückend wird, sich entkleidet und sich ins Meer der Ironie stürzt, natürlich nicht, um darinnen zu bleiben, sondern um gesund und froh und leicht die Kleidung wieder anzulegen.«[4]

In den vergangenen 25 Jahren wurden Ratgeber zu Bestsellern, die die »Kunst, ein Egoist zu sein« propagieren oder die dazu aufrufen, sich nichts gefallen zu lassen, sich um jeden Preis durchzusetzen. In manchen Anleitungen zum Manager-Coaching avancieren gar die Kriegskünste des preußischen Generals Carl von Clausewitz[5] zum strategischen Vorbild. In der neueren Ratgeberliteratur wurde schließlich der Humor entdeckt – als ein besonders geeignetes Mittel einer *Schlagfertigkeit*, die den Gegner auf unkonventionelle Weise aufs Glatteis führt. Nicht immer wird dies freilich in einer liebevoll-ironischen Weise praktiziert. Die Grenzlinie zum Sarkasmus, dem bissigen Spott, wird häufig überschritten. So gewinnt man zuweilen den Eindruck, dass Schlagfertigkeit mit einem Schlagabtausch gleichgesetzt wird, bei dem sich der jeweils Wortgewaltigere als *Sieger* profiliert. Vordergründig macht dies Sinn, denn wer sich als Sieger durchsetzt, stabilisiert (zunächst) sein Selbstwertgefühl. Doch diese Ellenbogenstrategie kann im Arbeitsleben (und nicht nur dort!) auf längere Sicht nur zu nachteiligen Konsequenzen führen. Und das aus gutem Grund: Niemand mag auf Dauer der »zweite Sieger« sein – und so ist ein permanenter Machtkampf vorprogrammiert!

Vor kurzem erlebten wir einen »coolen Macher« bei einem Unternehmerforum zum Thema »Wie nutze ich das Internet?«. Das Auftreten dieses Mannes signalisierte: Ich bin unschlagbar! Der einleitende Satz seines Referates schien höflich zu sein: »Der überaus interessante und rhetorisch gute Vortrag meines Vorredners erschwert meinen Einstieg ...« Doch dies war purer Sarkasmus! Der Vorredner war nämlich das genaue Gegenteil eines guten Rhetorikers, jemand, der kaum einen Satz ohne »äh« herausbrachte und der seinen Text überdies – ohne aufzublicken – vom Blatt ablas. So entlarvte diese Bemerkung die einseitige Strategie des »Machers« schlagartig. – Vielleicht wollte der »coole Macher« seinen Vorredner gar nicht blamieren, sondern das Publikum lediglich mit einer witzigen Bemerkung ködern. Doch dies gelang ihm nicht, weil der eigentliche *Humor* fehlte!

In diesem Buch beschreiben wir den Weg der *Humorentstehung*. Das Ziel ist dabei, dass wir uns aus einseitigen Motivationsmustern lösen, um in flexibler Weise sowohl die Strategien des Kindes wie die des Erwachsenen einzusetzen. Wir sollten uns also weder auf einen kindlichen Machtkampf einlassen, der nur den Sieg über den Verlierer kennt, noch sollten wir uns – als die sprichwörtlichen »Klügeren« – einer selbstlosen Nachgiebigkeit hingeben. Der von uns vorgeschlagene Weg ist ein Verbindungsweg, der die Kontrahenten dorthin führt, wo sie *miteinander* lachen können – nicht über die jeweiligen Schwächen des anderen, sondern über die scheinbaren Probleme des Alltagslebens, die uns alle irgendwie betreffen. Dazu gehören zum Beispiel Rollenzwänge, Statuszuweisungen, Leistungsideale und starre Höflichkeitsregeln. Wenn die logische Beweiskraft diese sozialen Vorurteile unbefangen ironisiert, ergeben sich häufig komische Effekte, die das in Frage stehende Problem aus einem anderen Blickwinkel erscheinen lassen – und es so in seiner Bedeutung relativieren. Dies ist die Voraussetzung für eine Erheiterung, die sich im gemeinsamen Lachen äußert und Kontrahenten zu beidseitigen Gewinnern macht.

An dieser Stelle möchte ich Viktor Frankl danken, dem großen Psychologen und Menschenfreund. Er hat den Humor als Erster für die Psychotherapie genutzt, indem er seine Patienten ermutigte, ihre Angst zu ironisieren. Ich möchte auch den vielen Menschen danken, die mit ihrer Kreativität und ihrem Scharfsinn zum Entstehen dieses Buches beitrugen. Dies sind die Teilnehmer unserer Seminare, die wir im Hospitalhof Stuttgart, dem Haus Gutenberg im Fürstentum Liechtenstein, dem Alfred-Adler-Institut in Zürich, aber auch an vielen anderen Orten in Europa und den USA durchgeführt haben. Danken möchte ich auch den Weggefährten von HumorCare[6], insbesondere Alfred Gerhards, Thomas Holtbernd, Erika Kunz, Ludwig Lambrecht und Erwin Neuwirth. Gerhard Plachta vom Kösel-Verlag verdanke ich viele wertvolle Anregungen. Mein besonderer Dank gilt Dieter Kragl und Brigitte Titze, die das Korrekturlesen besorgten und wichtige Hinweise beisteuerten. Ich schließe auch Heidi-Magdalena Mayer in die Dankesworte ein: Als Humorexpertin bei der AOK Trossingen verfügt sie über ein enormes Witze-Archiv. Einiges davon haben wir aufgegriffen. Last, but not least darf ich René Schweizer meinen besonderen Dank aussprechen. Er war es, der die Idee hatte, den therapeutischen Humor einem breiten Publikum zugänglich zu machen. Im Herbst 1996 wurde in Basel auf seine Initiative hin der erste Kongress *Humor in der Therapie* veranstaltet, dem jedes Jahr ein weiterer folgen sollte. Tausende von Besuchern haben daran teilgenommen. Für die von ihm begründete Homepage www.humor.ch, einem Diskussionsforum über therapeutischen Humor, schrieb Schweizer eine Fülle von lehrreichen und witzigen Texten. Einige finden Sie in diesem Buch.

Michael Titze

Am allervernünftigsten ist es,
nicht allzu vernünftig sein zu wollen!

Viktor E. Frankl

Voraussetzungen

Die etwas andere Strategie des Humors

Vor nicht allzu langer Zeit flogen wir mit Southwest Airlines von San Diego nach Sacramento. Die Maschine war ausgebucht. An Bord das Übliche. Begrüßung durch freundliche Flugbegleiter, Erleichterung, dass der eigene Platz noch frei ist – und dann die Überraschung. Statt langweiligen Ansagen *Provokation* aus dem Lautsprecher: Alkoholische Drinks gibt es für zwei Dollar, Prozac (ein bekanntes Antidepressivum) für fünf Dollar – und Viagra für zehn Dollar! Einige ältere Männer lachten. Der Flugbegleiter fragte, welche Dame ihm dabei helfen würde, die Sicherheitsvorkehrungen zu demonstrieren. Eine freundliche Mittfünfzigerin stellte sich zur Verfügung. Mit ihrer Hilfe zeigte der Flugbegleiter, wie eine gelbe Schwimmweste aufgeblasen wird. Die Dame bekam diese vor die Brust gesetzt, dann zog der Flugbegleiter an einer roten Leine, er zog und zog – und schließlich hatte er einen ziemlich abgetragenen Büstenhalter in der Hand! Fast alle lachten. Später wurden wir durch weitere Zaubertricks unterhalten. Der Flug verging wie im Fluge.

Auf dem Rückflug wurden wir von einem Flugbegleiter mit einer oszillierenden Scherzbrille und monströsen Plastikzähnen begrüßt. Er machte seine Ansage nuschelnd und lispelnd. Viele Reisende lachten. Als wir die Flughöhe erreicht hatten, gab eine Flugbegleiterin Songs aus bekannten Musicals zum Besten, mit teilweise neuen, lustigen Texten. Es klang professionell, brachte uns alle in Stimmung und so geizten wir auch nicht mit Applaus. Später hatten wir Gelegenheit, uns mit den Flugbegleitern persönlich zu unterhalten. Sie erzählten uns, dass Southwest seit über 20 Jahren nur Mitarbeiter einstellt, die bereit sind, sich mit ihren individuellen Fähigkeiten einzubringen. Ob das etwas mit Humor zu tun habe, fragten wir. Selbstverständlich, bekamen wir zur Antwort: »Humor kann nur dann entstehen, wenn jeder das tun darf, was er gerne macht! Wenn alle das Gleiche tun würden, wäre es doch langweilig!«

Southwest fliegt übrigens als einzige Fluggesellschaft in den USA seit über 20 Jahren kontinuierlich Gewinne ein.

Das Markenzeichen des Humors

Weltweit entdecken Unternehmen den Humor als einen *Motivationsfaktor*, der den Teamgeist stärkt, Stress abbaut und kreative Ressourcen erschließt. Nicht zuletzt hilft Humor Konflikte auf angenehme, spielerische Weise zu lösen.

Humorvolle *Strategien der Konfliktlösung* erweisen sich im modernen Arbeitsleben als sinnvoll. Angesichts wachsender fachlicher Anforderungen und eines immensen Konkurrenzdrucks können Spannungen entstehen, die eine harmonische Kooperation und gelassene Kommunikation erschweren. Dabei bilden sich leicht unausgewogene Reaktionsmuster heraus, zum Beispiel das Resignieren und Auf-Distanz-Gehen – was auf die Arbeitskollegen häufig provozierend wirkt! Oder das »Ausrasten«, das aggressive Sich-um-jeden-Preis-durchsetzen-Wollen. Und das wird natürlich ebenfalls als Provokation empfunden. Eine harmonische, entspannte Kommunikation ist in solchen Fällen nicht mehr möglich, was dann auch atmosphärisch spürbar wird.

Auf den folgenden Seiten wollen wir zeigen, wie sich solche Probleme im Privat- und Arbeitsleben auflösen lassen. Voraussetzung sind kommunikative Strategien, die das Markenzeichen des Humors tragen.

Ein Besucher fragt die Chefsekretärin, wer im Nebenzimmer so brülle. Sie erklärt: »Unser Direktor spricht mit Hamburg.« Darauf der Besucher: »Kann er nicht das Telefon benutzen?«[7]

Ein Mann wird schwer verletzt in die Klinik gebracht. Bei der Aufnahme fragt ihn die Schwester: »Verheiratet?« – »Nein, Autounfall!«

Kursänderung zur heiteren Gelassenheit

B. Redt hat sich bei seinem Referat »verrannt«. Er hat nur die Fakten seines Projekts vor Augen, die Zuhörer sind außerhalb seines Blickfelds. Dieser Monolog kommt nicht gut an. Entsprechend ist die Reaktion der Zuhörer: Einige gähnen, andere unterhalten sich leise und einem Herrn sind bereits die Augen zugefallen. Diese nonverbale Kommunikation wird vom Referenten registriert. Er ist aber flexibel genug, eine schnelle Kursänderung vorzunehmen. Er beendet seinen fachlichen Monolog und geht in einen persönlichen Dialog über. Hier eröffnen sich ihm verschiedene kommunikative Möglichkeiten. Er könnte die Zuhörer vielleicht

- rügen, dass sie ihm nicht aufmerksam zuhören,
- um Verständnis bitten, dass er über ihre Köpfe hinweggeredet hat,
- darauf einstimmen, dass er sich ab jetzt mehr Mühe geben wird.

B. Redt entscheidet sich stattdessen für die *Humorstrategie*. Er erklärt mit verschmitzter Unschuldsmiene: »Ich freue mich, dass mein Experiment gelungen ist. Ich wollte Ihnen demonstrieren, dass es tatsächlich möglich ist, die Zuhörer bei einem Referat in einen anderen Bewusstseinszustand zu versetzen! Als Nächstes werde ich Ihnen demonstrieren, dass ich Sie in einen längeren Tiefschlaf versetzen kann!« Das kommt an. Die meisten Zuhörer schmunzeln, einige lachen. Die kommunikative Verbindung ist hergestellt. Ein lebendiger Dialog kann sich jetzt anschließen, der die anfängliche Langeweile schnell vergessen lässt.

Ein wichtiges Kennzeichen humorvoller Gesprächsführung ist die Fähigkeit, aus festgefahrenen Kommunikationsmustern »auszusteigen«, um – kurzfristig – etwas *ganz anderes* zu tun. Ein Kind hat damit noch keine Probleme. Es ist, wie es der Sozialpsychologe George Herbert Mead formuliert, »jetzt das und gleich darauf etwas anderes, und das, was es in diesem Augenblick ist, bestimmt nicht, was es im nächsten Augenblick sein wird. Das ist in gleicher Weise die Anmut wie die Unvollkommenheit der Kindheit.«[8]

Wer als Erwachsener unbedingt vollkommen sein will, wird freilich Probleme haben, zuweilen »ganz anders« zu sein. Ihm wird es so gehen wie Kurt Tucholsky, der einmal erklärte: »Eigentlich bin ich ganz anders, ich komme nur so selten dazu!«

In einem Frauenverein sprach ein Soziologe über die explosive Bevölkerungsvermehrung in der Welt und schilderte die Gefahren, die sich daraus ergeben könnten. »Irgendwo auf der Erde bringt jede Minute, Tag und Nacht, eine Frau ein Kind zur Welt«, sagte er. »Was ist da zu tun?« – Eine Frau in einer der hinteren Reihen hob die Hand. »Das Erste, was meiner Meinung nach getan werden sollte, ist, diese Frau zu finden« erklärte sie, »und dafür zu sorgen, dass sie damit aufhört.«

Zuweilen anders sein

Der Regisseur Max Reinhardt erklärte in seiner »Rede über den Schauspieler«:

»Wir spüren unverkennbar, wie ein herzliches Gelächter uns befreien, ein tiefes Schluchzen uns erleichtern, ein Zornausbruch uns erlösen kann. Unsere Erziehung arbeitet freilich dem entgegen. Ihr erstes Gebot heißt: Du sollst verbergen, was in dir vorgeht. So entstehen die sattsam bekannten Verdrängungen, die Zeitkrankheit der Hysterie und am Ende jene leere Schauspielerei, von der das Leben voll ist.«[9]

Wenn Sie spüren, dass Sie vielleicht zu einseitig leben, versuchen Sie es gelegentlich einmal *anders*. Zum Beispiel:

Manchmal wieder Kind sein

- lockere Geselligkeit statt gesellschaftliche Zwänge,
- hemmungsloses Tratschen am Küchentisch statt mühsame Konversation beim Neujahrsempfang,

- erholsame Meditation in der Warteschlange statt betriebsame Hektik beim Einkaufen (Tipp: Stellen Sie sich einmal bewusst in die längere Schlange vor der Kasse im Supermarkt),
- Grimassen schneiden bei roten Ampeln statt verkniffener Ärger im Stau – das entspannt nicht nur die Gesichtsmuskulatur (Tipp: Den Autofahrer nebenan so lange anschauen, bis er zurückschaut – und dann einfach lächeln!).

Zwei unterschiedliche Bezugssysteme

Goethe lässt Faust sagen: »Zwei Seelen wohnen, ach, in meiner Brust!« Tatsächlich besitzen wir zwei unterschiedliche Quellen der Motivation, aus denen die zielgerichteten Strategien hervorgehen: das Mögen und das Müssen.

Früher zählte die *Pflicht* bei Eiskunstläufern 60 Prozent und die *Kür* 40 Prozent. Bei manchen Menschen wäre es sinnvoll, wenn sie ihrem Pflichtbewusstsein nicht zu 100, sondern nur zu 60 Prozent folgen würden. Pflicht und Kür stehen symbolisch für Müssen und Mögen. Hinter dem Mögen steht das Wollen und das Können oder das noch nicht entwickelte Können. Das Mögen lässt mich erahnen, was mir möglich ist, was ich mag, wofür ich mich gern ins Zeug lege. Im Mögen wie im Wollen eröffnen sich uns Bezugssysteme, die sich grundlegend voneinander unterscheiden.

Diese Differenz lässt sich auch *physiologisch* feststellen. So schreibt Heiko Ernst in einer Titelgeschichte von *Psychologie heute*:

»Wir besitzen offenbar zwei weitgehend voneinander unabhängig operierende [Bezugs-]Systeme des Wahrnehmens und Denkens, die in unserem Kopf auch unterschiedlich repräsentiert sind: Das [...] Bewusstsein operiert vor allem in der linken Gehirnhälfte. Es analysiert, schreibt, spricht, rechnet und versteht die Umwelt mithilfe von Logik. Die Arbeitsweise des linken Gehirns erschließt sich uns sofort, weil sie die bevorzugte Methode unseres Problemlösens ist, es ist der Modus Operandi des aufmerksamen, konzentrierten Denkens. Die Arbeitsweise der rechten Gehirnhälfte ist weniger leicht zu beschreiben. Sie wirkt eher ›im Hintergrund‹ und funktioniert komplex, integrativ, ganzheitlich, gefühlsbezogen und assoziativ. Anders ausgedrückt: Sie ist intuitiv.«[10]

Diese Bezugssysteme können wir *psychologisch* so beschreiben:

1. Bezugssystem: Es ist *emotional* geprägt. Seine Strategien laufen auf das Ziel hinaus, auf die Sonnenseite des Lebens zu kommen – also sich wohl, (selbst)sicher und stark zu fühlen. Dies entspricht der ursprünglichen Motivation eines Kindes, weshalb wir von Kindheits-Strategien oder kurz *K-Strategien* sprechen. Diese zielen insgesamt darauf ab, unser Selbstwertgefühl stabil zu halten – was mit Selbstbehauptung, Durchsetzungswillen und Ich-Bezogenheit zusammenhängt. K-Strategien werden von einem spontanen »Bauchgefühl« motiviert, das aus dem *Unbewussten* heraus entsteht, also unreflektiert, impulsiv, intuitiv und – im wahrsten Sinne des Wortes – unberechenbar ist.

Wissenschaftler haben herausgefunden, dass es das *Bauchhirn* tatsächlich gibt. In einer Titelgeschichte vom November 2000 berichtet das Magazin *GEO* darüber:

»Verborgen in der Darmwand liegen zwei hauchdünne Schichten eines komplexen Nervensystems. Wie Netzstrümpfe umgeben sie den Verdauungstrakt. Diese zweitgrößte Anhäufung von Neuronen im menschlichen Körper ist mit dem Kopfhirn verbunden [...] Experimente legen nahe, dass außer den bewussten Alarmsignalen – etwa Brechreiz bei Vergiftungen – vor allem unbewusste Botschaften in die Zentrale im Schädel eingespeist werden.« (S. 147)

Das steht in Zusammenhang mit

- Begeisterung,
- Schaffensfreude,
- Kreativität,
- Spontaneität,
- Innovation,
- Einfallsreichtum,
- emotionaler Intelligenz.

Ein erfolgreicher Verkäufer erklärte das Geheimnis seiner beruflichen Kompetenz damit, dass er nur Produkte verkaufe, die er lieben würde. Ähnlich ergeht es Menschen, die eine Situation auf Anhieb, also gedankenlos und gefühlsmäßig, richtig einschätzen. Das bezieht sich zum Beispiel auf die Beurteilung von völlig unbekannten Menschen »auf den ersten Blick«. Erfolgreiche Verkäufer wundern sich zuweilen selbst, dass sie oft in Sekundenschnelle vorwegnehmen können, wie sich das Verkaufsgespräch entwickeln wird. Sie werden durch K-Strategien motiviert.

2. Bezugssystem: Es wird von der *Vernunft* geleitet und ist vom abwägenden oder auch diplomatischen Denken eines rationalen Erwachsenen bestimmt. Es ist

- normativ,
- formal,
- korrekt,
- regelhaft,
- kollektiv,
- kontrolliert,
- gewissenhaft.

Willensstärke, Pflichterfüllung, Verantwortungsbewusstsein und Anpassung an soziale Erwartungen und Rollenzuweisungen – das sind die tragenden Säulen dieses Bezugssystems. Seine Strategien orientieren sich an sachlichen Zielen, die vom *Leistungsprinzip* bestimmt sind. Wir sprechen deshalb von Erwachsenen-Strategien oder kurz *E-Strategien.*

E-Strategien sind rational, logisch, analytisch und gedankenschwer. Wer diesen Strategien überwiegend folgt, funktioniert allerdings auf »emotionaler Sparflamme«. Er oder sie verrichtet seine beziehungsweise ihre Arbeit mechanisch, macht Dienst nach Vorschrift und ist von seiner Aufgabe nicht unbedingt begeistert. Dieser Mensch ist in seiner Lebensgestaltung weniger beweglich. Bildlich gesprochen verharrt er auf seinem *Standbein.*

Im Bemühen, nur keinen falschen Schritt zu machen, erstarren manche Menschen. Ihnen fehlt das *Spielbein.* Sie bewegen sich »hölzern« durch den Alltag. Eine lockere Bewegung basiert aber auf dem Zusammenspiel von Stand- und Spielbein – wie beim Tanzen. Tanzt jemand mit zwei Standbeinen, so wirkt er starr. Er oder sie bewegt vielleicht die Arme und den Kopf, kommt aber nicht recht vom Fleck. Viele Menschen tanzen so durchs Leben.

Es gibt auch Menschen, die mit zwei Spielbeinen tanzen. Sie tanzen wie losgelöst von der Schwerkraft und es ist eine Freude, ihnen zuzusehen. Irgendwann ist der Schwung, in den sie geraten, aber so mächtig, dass sie den Stand verlieren und stürzen. Diesen Menschen fehlt das Standbein.

Ob Sie Walzer, Charleston, Tango oder Rock 'n' Roll tanzen – der Wechsel zwischen Stand- und Spielbein ist notwendig. Das Tanzen ist eine Kunst und erfordert viel Übung. Ebenso ist es im alltäglichen Leben. Der *Wechselschritt* zwischen Dynamik und Ruhe ist es, der alle Lebenskunst begründet.

Unterschiedliche Perspektiven

Ein großer Gelehrter aus dem Abendland war beim Sultan zu Besuch. Um den Gelehrten zu prüfen, ordnete der Sultan einen Intelligenzwettstreit an. Zum Kontrahenten erwählte er Nasrudin Mullah, den legendären Sufi-Meister.[11]

Dieser erschien mit einem Esel bei Hof, der stapelweise Bücher mit erfundenen, aber Eindruck schindenden Titeln schleppte, wie zum Beispiel »Die Theorie universaler Bifurkanten«, »Erosion und Zivilisation«, »Eine Kritik der erträglichen Reinheit«, »Gesellschaftliche Ursachen mentaler Deaktivierungen«.

Der abendländische Gelehrte war von der scheinbaren geistigen Potenz des Mullahs völlig übermannt. Und so entschloss er sich – nach langem Überlegen –, das logische Wissen Nasrudins durch eine gänzlich reduzierte Zeichensymbolik zu prüfen:

Er hob den rechten Zeigefinger.

Nasrudin antwortete mit dem gehobenen rechten Zeige- und Ringfinger.

Der Gelehrte hob drei Finger.

Nasrudin antwortete mit vier.

Nun zeigte der Gelehrte seine ganze Handfläche, die der Mullah mit einer Faust beantwortete.

Der Gelehrte öffnete darauf seine Aktentasche und holte ein Ei heraus. Nasrudin antwortete mit einer Zwiebel, die er aus seiner Hosentasche hervorholte.

Der Gelehrte sagte: »Welchen Beweis hast du dafür?«

Nasrudin antwortete: »›Die Theorie universaler Bifurkanten‹, ›Eine Kritik der erträglichen Reinheit‹ usw.«

Als der Gelehrte überrascht meinte, dass er von diesen Werken nie etwas gehört hatte, entgegnete der Mullah: »Natürlich nicht. Schau her, hier siehst du hunderte von Büchern, die du noch nie gelesen hast.«

Der Gelehrte sah sich um und war so beeindruckt, dass er eingestand, den Wettstreit verloren zu haben.

Da niemand der Anwesenden etwas verstanden hatte, lehnte sich der Sultan später, als die Erquickungen gereicht wurden, etwas vor und fragte den Gelehrten, was das alles zu bedeuten hatte.

»Er ist ein ausgezeichneter Mensch, dieser Mullah«, erklärte der Gelehrte. »Als ich einen Finger hochhob, was bedeutete, dass es nur einen Gott gibt, hob er zwei hoch, um damit zu sagen, dass der eine Gott Schöpfer von Himmel und Erde ist. Ich hob drei Finger, was den Kreislauf von Geburt, Leben und Tod des Menschen bedeutete, woraufhin der Mullah mir mit vier Fingern andeutete, dass der Körper des Menschen aus vier Elementen besteht – Erde, Luft, Wasser und Feuer.«

»Nun denn. Aber was hat es mit dem Ei und der Zwiebel auf sich?«, drängte der Sultan.

»Das Ei symbolisierte die Erde, umgeben vom Himmel wie das Eigelb vom Eiweiß. Der Mullah holte eine Zwiebel hervor, um auf die Himmelsschichten hinzuweisen, die die Erde umschließen. Ich bat ihn, die Behauptung zu untermauern, die er aufstellte, indem er dem Himmel genau so viele Schichten zuschrieb, wie eine Zwiebel sie hat. Und er tat dies mit all den gelehrten Büchern, die mir leider unbekannt sind. Euer Mullah ist in der Tat ein sehr gelehrter Mann.«

Niedergeschlagen reiste der Gelehrte daraufhin ab.

Als Nächstes befragte der Sultan Nasrudin über diesen seltsamen Disput. Dieser antwortete: »Es war ein Kinderspiel, Eure Majestät! Zuerst hielt er mir ganz trotzig einen Finger entgegen. Also hob ich zwei Finger, was bedeutete, dass ich ihm beide Augen ausstechen würde. Als er drei Finger hochhob, mit denen er mir wohl sagen wollte, dass er mir drei Fußtritte geben würde, erwiderte ich seine Drohung, indem ich ihm vier Fußtritte androhte. Als er mir die ganze Handfläche zeigte, bedeutete das natürlich, dass er mir dann eine Ohrfeige geben würde, worauf ich mit meiner geballten Faust reagierte. Da er sah, dass es mir ernst war, fing er an, freundlich zu werden, und bot mir sein Abendessen an. Also bot ich ihm mein Abendessen an.«[12]

Typische K-Strategien

Unsere ersten Lebenserfahrungen machten wir im direkten Umgang mit einer sehr kleinen Anzahl von Bezugspersonen: (Groß-)Eltern, Geschwistern, ErzieherInnen und Spielkameraden. Wir wollten bei diesen Bezugspersonen möglichst gut ankommen, ihre Aufmerksamkeit und Zuwendung gewinnen oder sie einfach in unseren Dienst stellen. So mussten wir in der Familie, im Kindergarten, in der Schule usw. kreativ nach Mitteln und Wegen suchen, uns möglichst erfolgreich durchzusetzen. Das geschah weitgehend *intuitiv*, aus einem unreflektierten Gefühl heraus – also ohne bewusstes Denken.

Diese unbewussten Methoden der Selbstbehauptung entsprechen unseren individuellen *K-Strategien.* Erfolg und Misserfolg im späteren Leben hängen davon ab, ob diese Strategien erkannt, akzeptiert und jeweils genutzt werden. Denn jede dieser Strategien brachte uns in der Kindheit einen Vorteil. Auch als Erwachsene richten wir uns auf bestimmte Ziele aus, die uns zum großen Teil gar nicht bewusst sind. Wir sehnen uns nach Anerkennung, weshalb wir unsere Mitmenschen beeindrucken möchten. Wir wünschen uns Geborgenheit, weshalb wir die anderen dazu bringen wollen, uns zu beschützen, zu verwöhnen oder einfach Verständnis für uns zu haben. Diese Ziele verraten wir häufig durch die *Körpersprache*: Im mimischen Ausdruck zeigt sich der Zorn des Ehrgeizigen, der im Mittelpunkt stehen will, sich aber übergangen fühlt. Im schamhaften Senken des Blickes wird dem anderen signalisiert, Nachsicht zu üben und Mitgefühl walten zu lassen. (Dahinter versteckt sich oft die Forderung: »Ich bin nichts wert, mach du mich besser!«) Im charmanten Lachen zeigt sich der Wunsch, geliebt und bewundert zu werden.

Hier einige Beispiele für typische K-Strategien:[13]

- Der *Boss* will respektiert werden, sich um jeden Preis *durchsetzen* und die anderen in die Schranken weisen. Er verfügt über Durchsetzungsfähigkeit, Selbstvertrauen und Kompetenz. Als Erwachsener kann er problemlos Leitungsfunktionen übernehmen.

- Der *Star* ist anspruchsvoll und voller Allüren. Er will bewundert werden und im *Mittelpunkt* stehen. Er setzt seine überwältigende Ausstrahlung selbstbewusst ein. Er eignet sich sehr gut für berufliche Aufgaben, die ein Publikum einbeziehen, zum Beispiel als Moderator, Verkäufer oder Ansager.

- Der *Blender* ist charmant und kontaktfreudig. Er will den anderen *gefallen* und von jedem geliebt werden, ohne sich dabei anstrengen zu müssen. Ihm fallen berufliche Aufgaben mit einem hohen Grad an Mobilität und Flexibilität leicht (Verkäufer, Vertreter, Firmenrepräsentant).

- Der *Rechthaber* ist aufmüpfig und *besserwisserisch*, er will ständig gegen den Strom schwimmen und mit seinen Mitmenschen streiten – auch wenn er sich dadurch unbeliebt macht. Er fühlt sich in allen Berufen zu Hause, die nicht auf exakten Voraussetzungen beruhen, also nicht naturwissenschaftlich überprüfbar sind.

- Der *Clown* ist komisch und auffällig. Er will *Aufmerksamkeit* erregen, indem er die anderen amüsiert. So will er immer im Mittelpunkt stehen und sich beliebt machen. Er ist der geborene Entertainer, Conférencier, Moderator und Komiker.

- Die *Betriebsnudel* ist immer »gut drauf«, voller Initiative und Elan. Es geht diesen Menschen darum, im *Mittelpunkt* zu stehen und andere mitzureißen. Typische Betriebsnudeln sind besonders teamfähig.

- Der *Kümmerer* ist vordergründig selbstlos und altruistisch. Er will die unentbehrliche *Stütze Schwächerer* sein. Deshalb schielt er auf die Schwächen seiner Mitmenschen. Der Kümmerer ist, wen wundert's, besonders für helfende Berufe qualifiziert.

- Der *Radfahrer* will es besonders schlau anstellen: Gegenüber Schwachen und Unterlegenen trumpft er auf, weil es hier nichts zu befürchten gilt. »Nach oben« buckelt er, da er sich die Gunst der Mächtigen nicht verscherzen will. Er fühlt sich in allen Berufen, die eine autoritäre Struktur aufweisen, wie ein Fisch im Wasser. (Heinrich Mann beschrieb diesen Typus in seiner Erzählung *Der Untertan* meisterhaft!)

Der kleine Tobias muss beim Essen furchtbar husten. Erschrocken fragt ihn der Vater: »Hast du dich verschluckt?« – »Nein«, bringt Tobias mühsam hervor, »ich bin noch da.«[14]

In der Sommerfrische findet der kleine Fritz auf einer Wiese einen Plastikhandschuh. Er nimmt ihn auf und rennt zur Mutter: »Mutti, sieh mal, ich hab den Büstenhalter von der Muhkuh gefunden!«

»Was müssen wir tun, damit wir unsere Sünden vergeben können?«, fragt der Religionslehrer. Darauf der kleine Moritz: »Sündigen.«

Auch (Tag-)Träume weisen die Richtung

Vor einigen Jahren begann Inge Schöpfer-Isch genau am Rosenmontag mit einer neuen beruflichen Herausforderung. Sie sollte arbeitslose Menschen in einem sechswöchigen Bewerbungscoaching schulen. Inge Schöpfer-Isch bot den Teilnehmern etwas an, das eigentlich nicht in »so ein Seminar« gehört. Aber es war Fasching, und da ist Humor erlaubt! Sie startete mit dem Aufsatz eines zehnjährigen Mädchens über seine Berufswahl – und das Eis war gebrochen.

Mein Traumberuf

Ich tanze für mein Leben gern, also möchte ich am liebsten durchs Leben tanzen. Das wäre dann mein Traumberuf. Das geht so: Zuerst muss ich anfangen, das ist das Schwierigste. Ich besuche nach der Schule das Ballett und tanze jeden Tag ein paar Stunden. Dazu braucht man Kraft und Ausdauer. Kraft habe ich, Ausdauer mache ich mir. Dann werden alle staunen.

Ich bekomme zuerst kleinere Rollen, doch der Wunsch, eine riesige Tänzerin zu werden, hält mich aufrecht, so halte ich durch. Habe ich den Durchbruch geschafft, bin ich fein heraus. Es werden mir die allerschönsten Rollen zugeteilt.

Das Lampenfieber überwinde ich, weil ich nur mit den berühmtesten Partnern tanze. Sollen die schauen, wie sie damit fertig werden! Bei schöner Musik vergesse ich alles, sogar die Zuschauer. Mir ist, als fliege ich über sie hinweg. Sie klatschen dann, aber eigentlich ist mir das egal. Jeder Abend wird ein großer Erfolg.

Die Reporter rennen sich die Schuhe wund, dass sie an meine Garderobentür kommen. Am nächsten Morgen stehe ich groß in der Zeitung. Es regnet Angebote von den berühmtesten Opernhäusern. Ich wohne in feinen Hotels und lasse mir das Frühstück ins Bett bringen. Auf einmal habe ich viel Geld und kaufe mir viele Häuser, weil ich die brauche, wenn ich vielleicht einmal eine Verletzung habe. Dann nehme ich einen Mann und wir leben von meinem Geld, ziehen in die Häuser und es geht uns gut.

Weil dieser Traum zu schön ist, als dass er wahr wird, mache ich lieber eine Tanzschule auf oder werde Tierwärterin. In der Tanzschule bringe ich allen anderen bei, was ich kann: Jazz und Stepp. Wenn die das nicht kapieren, mach ich Tierwärterin. Ich möchte die Tiere davor bewahren, dass sie aussterben. Damit meine ich keine Schoßhündchen oder sonstige Parfümtiere. Auch Hunde mag ich. Wenn die Welpen werden, gebe ich ihnen zu fressen, und alle beschwänzeln mich. Das ist so schön wie Ballett.[15]

Aus dem Seminarraum erklang fröhliches Lachen, das in der Pause im Gemeinschaftsraum nicht mehr zu stoppen war. In diese gelöste Stimmung platzte Inges Chef. Er erklärte klipp und klar, dass Arbeitslosigkeit nichts mit Humor zu hat. Deshalb sollte sie für den nächsten Tag »etwas über Kommunikation machen«. Dazu drückte er ihr ein Buch aus der Ratgeberliteratur in die Hand. Völlig sprachlos und ziemlich enttäuscht ging Inge nach Hause. Nach drei Stunden Vorbereitung für den nächsten Tag lagen immer noch unbeschriebene Blätter vor ihr. So begab sie sich unverrichteter Dinge zur Nachtruhe.

Am Morgen erwachte sie mit folgendem Traum:

»Ich fahre mit meinem Auto und lenke es vom Beifahrersitz. Es ist unglaublich anstrengend und mir tut schon alles weh. Da hält mich eine Polizeistreife an. Die Beamten kontrollieren alles. Alle Papiere sind in Ordnung. Mit dem Hinweis ›Sie sind berechtigt, Sie können fahren‹ gibt mir der Polizist den Führerschein zurück. Als ich weiterfahren will, hat man mir alle vier Räder abmontiert.«

Inge Schöpfer-Isch berichtete weiter:

»Die jahrelange Erfahrung in der Arbeit mit Träumen erinnerte mich spontan daran, dass die anderen, die im Traum vorkommen, viel mit mir selbst zu tun haben. Die Frage lag auf der Hand: Wo lasse ich mir meine Räder abmontieren? Und was muss ich tun, um dies zu verhindern? Denn eins stand fest: Ich kann fahren! Der Traum führte mir so meine Führungsqualitäten vor Augen, gab mir Mut und verscheuchte die Zweifel, die am Selbstvertrauen nagten. Was mir jetzt bewusst wurde: Ich darf mir meine Dynamik auch von der Obrigkeit – dem Chef – nicht abmontieren lassen, selbst wenn dadurch Konflikte entstehen sollten! Als ich den folgenden Vormittag mit dieser Überzeugung anpackte, löste sich tatsächlich alles in Wohlgefallen auf.«

Nach Frankl[16] können wir zwischen zwei Menschentypen unterscheiden: den Schrittmachern und den Ruhestiftern. Die *Schrittmacher* beschreiten neue Wege, auch wenn es riskant und unbequem ist. Die *Ruhestifter* verlassen die alten, ausgetretenen Pfade nur deshalb nicht, weil sie den Weg des geringsten Widerstands nehmen.

Wer sich engagiert auf das einlässt, was ihm oder ihr wirklich am Herzen liegt, wird seinen eigenen Weg finden und – auch im übertragenen Sinne – »gut ankommen«. Dies veranschaulicht die folgende kleine Geschichte:

Play for yourself!

Eine Frau besuchte einmal eine Theateraufführung am Broadway. In der Pause ging sie ins Foyer, um ein Glas Sekt zu trinken. Das Foyer war voller Menschen, die rauchten, redeten, tranken.

Ein Pianist spielte, doch niemand achtete auf die Musik. Die Frau nippte an ihrem Sekt und schaute dem Musiker zu. Er schien gelangweilt, wirkte so, als würde er nur spielen, weil er musste und als könnte er das Ende der Pause kaum erwarten. Nach einem weiteren Glas Sekt ging die Frau auf den Pianisten zu und fuhr ihn an: »Sie sind eine Nervensäge! Warum spielen Sie denn nicht für sich selber?«

Der Pianist blickte sie erstaunt an, dann begann er tatsächlich die Stücke zu spielen, die ihm selbst gefielen. Da wurde es still im Foyer. Als der Pianist geendet hatte, applaudierten alle begeistert.

Ein drückend heißer Tag in Berlin. In der Straßenbahn sitzt ein Mädchen ohne Strümpfe. Ein älterer Herr will die Kleine in Verlegenheit bringen. »Fräulein«, sagt er, »Sie haben aber schöne Strümpfe an.« – »Weeß ick«, erwidert das Mädchen, »davon hab ick 'n janzes Kleid. Aba det zeige ick Ihn'n nich, Alterchen!«

Standfest werden: Die E-Strategie

Mit ungefähr zwei Jahren kann sich ein Kind mit seinen Bezugspersonen sprachlich verständigen. Damit kann es das Universalwissen der Erwachsenenwelt »anzapfen« und so langsam zur *Vernunft* kommen. Dieser Prozess ist alles andere als spielerisch. Es liegt im Wesen der Vernunft, Regeln zu befolgen, das Richtige vom Falschen zu unterscheiden und berechnende Strategien ins Kalkül zu ziehen. Vor allem soll die eigene Launenhaftigkeit überwunden werden! Dadurch gewinnt der Mensch allmählich an *Standfestigkeit*.

Das Kind lernt zu verstehen, welche Bedeutung es den Dingen zuschreiben soll, was es in diese hineininterpretieren muss – und darf. In Andersens Märchen *Des Kaisers neue Kleider* wird dies anschaulich geschildert: Das, was sich dem naiven Blick eines Kindes offenbart, darf mit den Augen des vernünftigen Erwachsenen nicht (mehr) *wahr*genommen werden.

So lernen wir allmählich, E-Strategien einzuüben. Wir lernen, unsere ursprünglichen K-Strategien zu modifizieren (manchmal sogar zu unterdrücken) und uns anders zu geben, als wir emotional empfinden. Wir lernen uns zusammenzunehmen, um höflich oder diplomatisch zu erscheinen. Dadurch eröffnen sich manche Vorteile: Beliebtheit bei den Kollegen, das Wohlwollen des Chefs und gesellschaftliches Ansehen aufgrund eigener Kompetenz. Nicht wenige befolgen die E-Strategien am Arbeitsplatz perfekt. Sie sind vorbildliche Erwachsene. Doch nach Feierabend zeigen sie ihr wahres Gesicht. Zu Hause, im Kreise ihrer Familie, verhalten sie sich so, wie es ihren nicht gelebten K-Strategien entspricht …

Das Überbietungsprinzip

Nicht selten ist der Einstieg in die Welt der Erwachsenen mit Leistungsdruck und dem Erleben von Misserfolg verbunden. Denken wir an ein kleines Kind. Es hat Geduld und es bereitet ihm zunächst Vergnügen, sich seine Schuhe selbst zu binden, auch und gerade, weil dies eine recht schwierige Prozedur ist. Doch den Eltern dauert es zu lange. So »helfen« sie dem Kind (nicht selten mit deutlichen Anzeichen von Ungeduld), indem sie ihm ruck, zuck die Schuhe binden. Was diese eiligen Eltern nicht bedenken, ist die Chance, um die sie ihr Kind bringen: nämlich sich selbst als kompetent zu erleben, zu erkennen, dass es gelingt, Entscheidungen in die Tat umzusetzen, auch wenn etwas zunächst nicht perfekt gelingen sollte.

»Funktionierende Erwachsene« lassen sich in ihrem Denken und Handeln von einer E-Strategie leiten, die mit einem unangenehmen Leistungsdruck verknüpft ist. In letzter Konsequenz läuft dies auf einen Überbietungswunsch hinaus, der von unrealistischen Absolutheitsansprüchen bestimmt wird, zum Beispiel:

- Ich will alles möglichst gut machen!
- Ich will vernünftig, redegewandt, locker, schlagfertig, sozial beliebt, erfolgreich usw. sein!
- Ich will mir nicht die geringste Blöße geben!
- Ich will auf keinen Fall Fehler begehen!
- Ich will nirgends anecken und mir Feinde machen!

Dies lässt sich auf die leitende Überzeugung zurückführen: *Nichts, was ich mache, ist gut genug. Es müsste noch viel besser sein!*

Doch das Bessere ist bekanntlich der Feind des Guten. Deshalb erklärte der Schweizer Humorist Ralf Boller: »Menschen, die nur das Beste wollen, sind gefährlich – sie bringen nicht einmal das Gute zustande!«

Stellen Sie sich folgendes Szenario vor:

Auf einer Veranstaltung über phänomenologische Forschungsergebnisse entdeckt ein Philosoph bei einem Kollegen einen etwas peinlichen Toilettenfehler. Er könnte diesem schlicht zuflüstern: »Herr Kollege, Sie haben ein Loch in der Hose!« Er könnte sich aber auch für eine Formulierung entscheiden, die etwa so lauten könnte: »Herr Kollege, meine intellektuelle Integrität motiviert mich, Sie dahin gehend zu informieren, dass die Substanzialität Ihrer sekundär-hyletischen Stofflichkeit einen partiellen Defekt aufweist, der auf Ihre originäre Leiblichkeit transzendentale Effekte ausübt ...« (Natürlich muss der Gesichtsausdruck dabei möglichst neutral bleiben – so, wie es der typische englische Butler vormacht.)

Entscheiden Sie selbst, was komischer wirkt!

Das Leitmotiv, ständig besser sein zu wollen, wird für viele zum »Leidmotiv«. Es wird selbst dann verbissen befolgt, wenn die natürlichen Voraussetzungen – etwa die jeweilige Tagesform – dem entgegenstehen. Ein Mensch, der sich unreflektiert auf das Überbietungsprinzip einlässt, setzt sich die Messlatte so hoch, dass er diese unweigerlich reißen muss. Damit entsteht bei jedem neuerlichen Versuch, über diese Latte zu springen, zunehmender Stress. Die Anspannung ist schließlich so stark, dass nicht einmal mehr die tatsächlichen Möglichkeiten ausgeschöpft werden können. Eine Managerin, die sich als *Workaholic* in Psychotherapie begab, berichtete:

»Egal, was ich tue, alles artet in Leistung aus! Das war schon in der Kindheit so. Für durchschnittliche Leistungen wurde ich

Immer mehr wird irgendwann zu viel

von den Eltern nicht gelobt. Im Gegenteil gab es dafür abweisende Gesichter und enttäuschte Bemerkungen. Akzeptiert und knapp gelobt wurde ich nur, wenn ich außergewöhnliche Leistungen brachte – in der Schule, im Haushalt und bei der Betreuung der jüngeren Geschwister. Ich empfinde mich nur als liebenswert, wenn ich eine überragende Leistung bringe. Ansonsten glaube ich nicht, ein Recht auf Sympathie zu haben. Schon gar nicht kann ich mir vorstellen, dass mich jemand wegen meiner selbst mögen könnte! Ich muss Leistung bringen, um mich beliebt zu machen. Aber ›leisten‹ darf ich mir nichts!«

Wir können dies als den »Ariel-Effekt« bezeichnen: Vor einigen Jahren zeigte eine Waschmittelfirma einen Werbespot, in dem eine typische Hausfrau ihre Wäsche zum Trocknen aufhängt. Während sie ihre Wäsche betrachtet, tritt aus ihrem Körper eine Gestalt heraus, die äußerlich vollkommen mit ihr identisch ist. Doch diese Gestalt erfüllt eine perfide Funktion: Sie redet der Hausfrau ins Gewissen, führt ihr vor Augen, dass die Wäsche zwar sauber, aber nicht *rein* sei!

Diese entmutigenden Selbstgespräche kennen alle Menschen, die mit den Ergebnissen ihrer Tätigkeit nicht zufrieden sind: weil sie nach etwas Ausschau halten, das immer noch besser sein sollte. Sauberes soll rein werden, gutes Aussehen in ein makelloses Erscheinungsbild transformiert werden, sportliche Fitness zu einer absoluten Höchstleistung führen und Klugheit soll sich zur Genialität steigern. Als Folge stellt sich häufig ein *Überbietungszwang* ein, der die spontane Lebensfreude erstickt.

Vieles deutet darauf hin, dass die Lebensumstände in der modernen Überbietungsgesellschaft zu einem zunehmenden Verlust von Lebensfreude führen. So berichtet der britische Psychologe Oliver James[17], dass sich die depressiven Störungen seit den 50er-Jahren um das Zehnfache erhöht haben. Gleichzeitig sind die Suizidrate, die Häufigkeit von Gewalttaten sowie Alkohol- und Drogenabhängigkeit ebenso dramatisch angestiegen wie die Anfälligkeit für viele neurotische Erkrankungen.

Vor vielen Jahrhunderten war ein chinesischer Kaiser an Depressionen erkrankt. Einer der Ärzte, die ihn behandelten, hatte eine Idee: Der Kaiser würde genesen, wenn er das Hemd eines Mannes tragen würde, der wirklich rundum glücklich war. So wurden Boten ins ganze Reich geschickt, die monatelang nach diesem Mann suchten. Schließlich fanden sie ihn: einen Eremiten, der hoch in den Bergen in einer Höhle hauste. Dieser Eremit war tatsächlich rundum glücklich. Doch er konnte den Boten des Kaisers kein Hemd geben, da er kein Hemd besaß.

Gepflegter Selbstzweifel

Das Überbietungsdenken zieht den *Selbstzweifel* hinter sich her wie ein Komet seinen Schweif. Wie das im Einzelnen funktioniert, zeigen diese bewährten Anregungen:[18]

- Stellen Sie eine Liste von Leuten auf, die jünger, schöner, beliebter und erfolgreicher als Sie selbst sind.
- Stellen Sie eine Liste von all den großartigen Dingen auf, die Ihnen entgangen sind.
- Schreiben Sie einen persönlichen Brief an eine/n Bekannte/n. Nachdem Sie diesen Brief abgeschickt haben, fangen Sie an, sich intensiv Gedanken darüber zu machen, welche Ihrer Formulierungen auf den Adressaten verletzend wirken könnten.
- Informieren Sie sich über einige der schlimmsten Krankheiten und stellen Sie fest, welche Symptome Sie schon haben.
- Gehen Sie ins Schwimmbad und vergleichen Sie Ihren Körper mit Leuten, die eine viel bessere Figur besitzen.
- Wenn Sie bei fremden Leuten zu Besuch sind und die Toilette benutzen, denken Sie unbedingt daran, dass die fürchterlichen Geräusche, die Sie hier machen, im ganzen Haus zu hören sind.
- Nachdem Sie eine Party verlassen haben, sollten Sie sich genau vor Augen führen, wie die noch Anwesenden jetzt über Sie herziehen.
- Wenn Sie im Restaurant Ihre Bestellung aufgeben, überlegen Sie sich, welche unverzeihlichen Schwächen der Ober gerade jetzt bei Ihnen entdeckt.
- Wenn Ihnen jemand noch eine kleine Geldsumme schuldet (oder wenn Sie im Restaurant für jemand die Rechnung be-

zahlt haben, weil er/sie nicht genug Geld dabeihatte), sollten Sie darüber nachgrübeln, warum der Betreffende keine Anstalten macht, Ihnen das Geld zurückzuzahlen. Klären Sie insbesondere die Frage, ob es nicht vielleicht doch daran liegt, dass Sie ein Mensch sind, der überhaupt nicht für voll genommen wird.

- Üben Sie sich darin, einen Raum so zu betreten, als ob Sie jederzeit damit rechnen müssten, von einem der Anwesenden eine Ohrfeige verpasst zu bekommen.
- Bei einer Unterhaltung sollten Sie gelegentlich einflechten: »Ich langweile Sie sicher sehr!«, oder: »Ich kann mich überhaupt nicht gut ausdrücken!« Und wenn Sie einen Witz erzählen, sollten Sie erklären: »Ich habe den Witz von jemand erzählt bekommen, der das viel besser kann als ich!«
- Wenn Sie Gäste bekochen, sollten Sie bemerken: »Ich bin absolut kein guter Koch! Wenn es Ihnen nicht schmeckt, lassen Sie es ruhig stehen!«

Kreieren Sie Ihre perfekte Selbstkritik und machen Sie den Selbstzweifel zur Leitlinie Ihrer künftigen Entscheidungen. Wir garantieren Ihnen, dass Ihnen das Lachen bald vergehen wird!

Ein übertrieben bescheidener Mann bestieg einen Fahrstuhl. Der Fahrstuhlführer fragte ihn nach dem Stockwerk. Der Mann antwortete: »In den achten, wenn es kein Umweg für Sie ist.«

Schneller, höher, stärker

Auch in der Erziehung ist das Überbietungsprinzip nicht selten am Werk. Und zwar dann, wenn es um das rigorose Ausmerzen von Fehlern und Schwächen geht.

Ein Beispiel ist das Korrigieren von Diktaten: Zehn Fehler sind rot angestrichen, aber die 100 Wörter, die richtig geschrieben sind, werden einfach ignoriert! Und wenn es dafür eine Fünf gibt, wird der Lehrer wahrscheinlich sagen: »Streng dich mehr an, damit du das nächste Mal besser bist!« Dieser Lehrer könnte aber auch anders vorgehen. Er könnte die richtig geschriebenen Wörter grün anstreichen und dem Schüler erklären: »Du hast 100 Wörter richtig geschrieben. Das sind zehnmal so viele, wie du Fehler gemacht hast. Wenn du so weitermachst, wird dir nichts anderes übrig bleiben, als auch Lehrer zu werden.«

Eine solche Beurteilung ist nicht nur originell, sie stärkt auch das Selbstvertrauen und bekräftigt die Überzeugung: So, wie ich bin, bin ich gut genug. Ich könnte viel schlechter sein!

Die olympische Idee hieß früher: »Dabei sein ist alles!« Heute lautet das Prinzip: »Schneller, höher, stärker – gut zu sein ist noch lange nicht gut genug!« Und da der Mensch das Wesen ist, das sich am schnellsten anpasst, leben viele tagtäglich nach dem olympischen Prinzip »Nur Gold zählt!«.

Am heiß umkämpften Arbeitsmarkt hat sich der Leistungsdruck in den letzten Jahren schon deswegen erhöht, weil viele Arbeitsplätze wegrationalisiert wurden. Zudem sind die Forderungen in der postindustriellen Dienstleistungs- und High-Tech-self-providing-Gesellschaft (Bergmann) immer größer geworden. Behaupten kann sich nur ein Arbeitnehmer, der über eine kreative Flexibilität verfügt, die mit individuellen Kompetenzen wie »kritische Eigeninitiative«, »autonome Selbstverantwortung« und »wandlungsfähige Soziabilität« verknüpft ist. So ermittelte der Soziologe Richard Sennett[19], dass ein qualifizierter Arbeitnehmer in 40 Berufsjahren wenigstens elfmal die Stelle wechseln und seine Basiskenntnisse mindestens dreimal erneuern muss. Wer in diesem Zusammenhang nur »extrinsisch motiviert« ist, kann seine Lebensfreude leicht verlieren und depressiv oder suchtanfällig werden.

Wer so denkt, bringt sich allein schon deshalb um seine Lebensfreude, weil sich echte Erfolgserlebnisse kaum einstellen werden. Und das aus gutem Grund: Wer sich – um dieses Beispiel noch einmal anzuführen – die Messlatte beim Hochsprung auf zwei Meter legt, wird zwangsläufig eher versagen als derjenige, der sich die Latte lediglich auf einen Meter legt!

Das Überbietungsprinzip lässt sich auch mit einem Luftballon vergleichen, der mehr und mehr aufgeblasen wird. Die Folge ist, dass dadurch zunehmend Spannung entsteht – bis der Ballon irgendwann platzt. Was liegt also näher, als Luft abzulassen, den kleineren Gang einzulegen – oder sich einfach auf das »Viertbeste« einzustellen!

Der Humorist René Schweizer schreibt:

»Es wird so viel Reklame für das Beste gemacht. Alle wollen das Beste. Das finde ich nicht sehr originell. Ich für meinen Teil schwärme für das Viertbeste. Das gibt mir ein Gefühl von Freiheit und Abenteuer und öffnet meine Brust für den Odem der weiten Welt. Anders sein, das gefällt mir, anders als alle die andern, die Olympiasieger, die Silber- und Bronzemedaillengewinner. Zudem ist es eine große Herausforderung, das Viertbeste zu eruieren. Wenn ich zum Beispiel auf den Markt gehe und die Verkäuferin am Obst- und Gemüsestand frage: ›Welches ist die viertbeste Apfelsorte, die Sie haben?‹, dann werde ich in der Regel schon komisch angeschaut. Die meisten Kunden fragen halt nach der besten Sorte oder der preisgünstigsten. Ein Problem ist auch, wenn [...] nur drei Sorten Äpfel verkauft [werden]. Für solche Fälle bin ich aber gewappnet. Ich kaufe Birnen und sage mir im Stillen, dass Birnen im Prinzip auch Äpfel sind, und zwar die viertbeste Sorte. So komme ich gut über die Runden.

Vor einiger Zeit hatte ich eine Herzoperation. Es sollte ein neuer Schnüsel eingebaut werden und ich bat die Schwester darum, mir den Namen des viertbesten Arztes für diese Operation zu nennen. Sie schaute mich bloß an und ging aus dem Zimmer. Wenig später kam sie in Begleitung der hausinternen Sozialarbeiterin zurück. Diese stellte sich vor als Frau Elsemarie Maletzke, viertbeste Sozialarbeiterin der Region. Das war doch schon etwas, dachte ich, und ich war auch ziemlich zufrieden. Man muss auch eine gewisse Bescheidenheit an den Tag legen, gerade im Krankenhaus. Beim Essen hatte ich Glück. Der Koch, ein Schwarzer aus dem Senegal, dem afrikanischen St. Gallen, suchte immer das viertbeste Stück Fleisch für mich aus und legte das viertbeste Stück Brot dazu. Das machte mich richtig glücklich, und es gab auch keine Komplikationen mit der Montage des neuen Schnüsels, obwohl ich leider auf den viertbesten Chirurgen verzichten musste, da er an diesem Tag freihatte. So übernahm diesen Auftrag der Beste, und der war auch nicht viel schlechter.«

»Na, geht's Ihnen wieder gut?«, fragt ein Mann seinen Nachbarn. – »Gut nicht, aber besser.« – »Ist doch gut, dass es Ihnen wieder besser geht.« – »Ja, aber besser wäre es, wenn es mir gut ginge.«

Wenn sich Strategien durchkreuzen

E-Strategien sind an die vielen *Rollen* gebunden, die wir als Erwachsene zwangsläufig übernehmen müssen. So spielen wir zum Beispiel die Rollen von Eltern, Gastgebern, Gesprächspartnern, Arbeitern, Beamten, Vorgesetzten, Experten in bestimmten Branchen usw. Wir werden damit zu mehr oder weniger motivierten Akteuren in Bereichen, die mit unseren K-Strategien nicht immer zu vereinbaren sind.

Denken wir an einen Lehrer, dessen E-Strategie darauf abzielt, Grenzen zu setzen, Autorität zu zeigen, um (unter dieser Voraussetzung) möglichst effektiv zu lehren. Doch was geschieht, wenn die Zielrichtung seiner K-Strategie in eine andere Richtung weist? Wenn sich dieser Lehrer seit seiner Kindheit in gefälliger Konfliktvermeidung geübt hat? Manche Schüler werden ihn als guten Kumpel erleben, andere aber als einen harmlosen Tölpel, mit »dem man es machen kann«. Das sachliche berufliche Ziel einer wirksamen Wissensvermittlung lässt sich nicht mehr problemlos verwirklichen.

Die Zielrichtung der K-Strategien kann von der E-Strategie *durchkreuzt* werden – und umgekehrt. Die eine Strategie »beißt« sich mit der anderen, das »Kind« geht seinen Weg, während der »Erwachsene« einen anderen Weg einschlägt. Welche Strategie sich schließlich durchsetzt, hängt von der Dynamik des Spielbeins beziehungsweise von der Standfestigkeit des Standbeins ab. Häufig kommt es dabei zu einem Patt, zu einer Neutralisierung von Energien.

Horst Kämpfer ist ein »Rebell« (K-Strategie). In seiner Firma hat er den Ruf eines innovativen Querdenkers. Als Produktmanager konnte er seine Fähigkeiten bei vielen Gelegen-

Strategien kreuzen sich

heiten unter Beweis stellen. Sein Chef, der im Betrieb als mächtiger Übervater in Erscheinung tritt, fördert Horst Kämpfer. Dankbar versucht dieser, die Rolle eines besonders vorbildlichen Mitarbeiters zu spielen (E-Strategie). Dies gelingt Horst Kämpfer aber nicht immer: Bei Vorträgen, die er in Gegenwart seines Chefs halten muss, spürt er innere Unruhe, Herzklopfen und eine aufsteigende Hitze. Diese unwillkürlichen Stresssymptome durchkreuzen den bewussten Wunsch, vor dem Chef als »cooler Macher« dazustehen. Je stärker Horst Kämpfer gegen die Energieentladung seines Körpers ankämpft (E-Strategie), desto mehr rebelliert das »Kind in ihm« (K-Strategie).

Den Konflikt zwischen K- und E-Strategien können wir nicht einfach dadurch lösen, dass wir stur in unseren Erwachsenenrollen bleiben. Vielmehr sollten wir ein liebevolles Verständnis für das »Kind in uns« gewinnen. Sigmund Freud schreibt im Schlusssatz seiner Abhandlung über den Witz, dass der humorvolle Mensch sich selbst so gegenübersteht, wie ein liebevoller Erwachsener seinem Kind begegnet.[20] Wir sollten deshalb lernen, uns aus einseitigen Motivationsmustern zu lösen, um in flexibler Weise sowohl E- wie K-Strategien einzusetzen.

Ein verbreitetes Vorurteil will uns glauben machen, Gefühle seien chaotisch und allein die Vernunft würde sie disziplinieren. Von den Kindern können wir lernen, Gefühle offener zu zeigen. Als vernünftige Erwachsene können wir diese aber so modulieren, dass wir die Mitmenschen dadurch nicht überfordern. Wir können uns so in der Balance von Spielbein (Gefühl) und Standbein (Vernunft) üben – und dadurch Wege erproben, die uns den Alltag gewinnend bewältigen lassen. Dies ist die beste Voraussetzung, um dauerhaft in den Genuss von *Lebensfreude* zu gelangen.

Auch Horst Kämpfer zog diese Konsequenz auf humorvolle Weise. Er eröffnete eines Tages einen Vortrag mit den Worten »Liebe Kollegen, hochverehrter Chef! Heute will ich meinen Bericht einmal weniger konventionell, sondern mehr innovativ machen!«. Danach streckte er seine Zunge weit zwischen den Zähnen heraus, so dass sich eine lallende Aussprache ergab. Als Horst Kämpfer so mit seinem Bericht fortfuhr, setzte nach kurzer Zeit schallendes Gelächter ein. Dies führte sofort zu einem atmosphärischen Umschwung, der sich in einer heiteren Stimmung auswirkte. Außerdem wurden die psychosomatischen Funktionen des Referenten in einer sehr günstigen Weise beeinflusst: Die innere Unruhe, die Horst Kämpfer fast überwältigt hatte, schwand augenblicklich! So konnte er seinen Vortrag nun konventionell (also auf sein »Standbein« gestützt) fortsetzen.

Nach vielen Jahren trifft der alte Mathematiklehrer Moritz, seinen schlechtesten Schüler. Während der Lehrer immer noch einen verbeulten »Käfer« fährt, entsteigt Moritz einem funkelnagelneuen Mercedes der S-Klasse. – »Dir scheint es ja gut zu gehen, Moritz!«, sagt der Lehrer. »Was machst du denn beruflich? – »Ich handle mit Südfrüchten.« – »Und wie machst du das?« – »Schauen Sie«, erklärt Moritz, »ich kaufe eine Kiste Orangen im Großhandel für 10 Euro. Diese Kiste verkaufe ich dann für 30 Euro im Einzelhandel – und von diesen drei Prozent leb ich!«

Ein Lehrer fragt einen Schüler: »Dein Vater kauft sechs Flaschen Wein, je drei Euro pro Flasche. Wie viel macht das?« – »Zwei Tage, Herr Lehrer.«

Lehrer: »Warum enthält Milch Fett?« – Schüler: »Weil sonst das Euter beim Melken quietschen würde!«

Erwachsener werden und Kind bleiben

Die Welt, in der wir unser Leben als Kind begannen, war in jeder Hinsicht viel kleiner und bescheidener als die Welt der Erwachsenen. Als Kinder brauchten wir uns auch keine Gedanken über das Leben zu machen – weil wir es noch nicht konnten! Somit konnten wir auch nicht zu den philosophischen Schlussfolgerungen gelangen, die den »Ernst des Lebens« definieren.

Und dennoch (oder gerade deshalb?) besitzt ein Kind bessere emotionale Fähigkeiten als ein Erwachsener. In der Regel können Kinder dem Leben weit mehr Spaß, Spielfreude und Heiterkeit abgewinnen. Eine statistische Erhebung hat ermittelt, dass Vorschulkinder bis zu 400-mal am Tag lachen – mindestens zehnmal häufiger als Erwachsene! Die Erklärung ist nahe liegend: Das Leben des Kindes entspricht einer spielfreudigen Kür, die von normativen Verpflichtungen (noch) wenig beeinflusst wird.

Das spielfreudige Kind, das am Anfang unserer Lebensgeschichte steht, ist ein Teil von uns selbst. Wir können dieses Kind in unserer Phantasie beliebig aufleben lassen, uns mit ihm austauschen, um seine Neigungen, Talente und Visionen zu erkennen – und ernst nehmen. Denn dieses Kind ist unser innerer Spielbein-Spezialist!

Christian Morgenstern schreibt:

»In jedem Menschen ist ein Kind verborgen, das heißt Bildnertrieb und will als liebstes Spiel- und Ernst-Zeug nicht das bis auf den letzten Rest nachgearbeitete Miniatur-Schiff, sondern die Walnussschale mit der Vogelfeder als Segelmast und dem Kieselstein als Kapitän. Das will auch in der Kunst mit-spielen, mit-schaffen dürfen und nicht so sehr bloß bewundernder Zuschauer sein. Denn dieses ›Kind im Menschen‹ ist der unsterbliche Schöpfer in ihm.«[21]

Vor allem humanistische Psychologen haben das innere Kind zu einer Galionsfigur erkoren. Vielleicht ist diese »Kind-Orientierung« mit ein Grund dafür, dass Werte wie Gehorsam und rigide Pflichterfüllung in der heutigen Erziehung nicht mehr so viel bedeuten wie in der Vergangenheit. Wir erleben gegenwärtig eine gesellschaftliche Umbesinnung, die Erholung und Vergnügen als ebenso wesentlich ansieht wie das Arbeiten und Lernen. Der Freizeitforscher Horst W. Opaschowski fordert deshalb, den Spaß auch im Arbeitsleben zur Geltung kommen zu lassen:

»Spaß löst immer mehr den Wert Pflicht ab. Bert Brechts Aussage in den *Flüchtlingsgesprächen* (›Arbeit ist alles, was keinen Spaß macht‹) gilt in Zukunft nicht mehr. Im Zuge des Anspruchswandels darf, ja muss Arbeit wieder Spaß machen. Stärker als Geld wirken persönliche Herausforderungen zur Eigenaktivität, die Spaß machen und das Selbstwertgefühl stärken. Gerade weil Arbeit immer höhere Anforderungen an die Mitarbeiter stellt, wollen sie ihre Freude an der Arbeit nicht verlieren, Arbeit nicht nur als Fron, sondern auch als ›Fun‹ erleben.«[22]

»Meine Frau wird immer komischer«, klagt am Stammtisch Herr Brösel. »Sie versenkt mir seit neuestem meine Papierschiffchen im Badewasser!«

**Nur eines sollten wir perfektionieren:
unseren Mut zur Unvollkommenheit.**

Michael Titze

Lösungen

Die Lösung liegt im Naheliegenden

Ein Karren, der überladen ist, bleibt im Morast stecken. Es gibt auch Menschen, die sich zu viel aufgeladen haben. Das ist der Fall, wenn nur Ziele angepeilt werden, die in weiter Ferne liegen und die zudem zu hoch gesteckt sind. So wird Vollgas gegeben – bis die Kraftreserven aufgebraucht sind. Das hoch gesteckte Ziel erscheint dann endgültig unerreichbar, die Realität wird als bedeutungslos entwertet, so dass sich Mutlosigkeit einzuschleichen beginnt. Dies äußert sich in einer resignativen Ja-aber-Haltung. Hier einige Beispiele:

- »Du hast einen sehr angenehmen Arbitsplatz!« – »*Ja, aber* ich habe den falschen Beruf gewählt!«
- »Zu Ihren Kindern kann man Ihnen wirklich gratulieren!« – »*Ja*, ich musste *aber* meine berufliche Karriere aufgeben!«

- »Das Essen war vorzüglich, du hast wunderbar gekocht!« – »*Ja, aber* ich habe nur Tiefgekühltes aufgewärmt!«

Eric Berne, Begründer der Transaktionsanalyse, wurde einmal gefragt, wie er einen psychisch stabilen Menschen von einem nicht stabilen unterscheiden würde. Berne erklärte: »Psychisch stabile Menschen sagen ›Ja‹, ›Nein‹ und ›Juhu!‹ Psychisch nicht stabile Menschen sagen ›Ja – aber‹, ›Nein – aber‹ und ›Nix Juhu!‹«

Einen Ausweg aus der Ja-aber-Haltung ermöglicht die *Reduktion.* Sie bewirkt eine Verringerung

- von überhöhten Zielen und unrealistischen Idealen,
- von übermäßigem Ehrgeiz und Konkurrenzdenken,
- von überzogenem Erfolgsstreben,
- von Hektik und Zeitdruck,
- von unangemessenen Schuld- und Schamgefühlen.

Durch die Reduktion wird ein Perspektivenwandel eingeleitet, der den Blick auf das lenkt, das so nahe liegt und sich ohne größeren Aufwand erreichen lässt. Dies offenbart sich unserem Blick im schlichten *Hier und Jetzt*, das oft eine Quelle von unmittelbarer Lebensfreude und heiterer Gelassenheit ist. Alles, was darüber hinausgeht, kann ignoriert werden,[23] gemäß dem Motto:

Die Vergangenheit bedrückt mich.
Die Zukunft macht mir Angst.
In der Zwischenzeit geht es mir gut, weil ich lebe.[24]

Jean de La Bruyère war der Erzieher des französischen Thronfolgers. Er erklärte zum Ende des 17. Jahrhunderts: »Die Kinder kennen weder Vergangenheit noch Zukunft und

– was uns Erwachsenen kaum passiert – sie genießen die Gegenwart.«

Es entspricht einer »entspannenden« K-Strategie, wenn der Zeitraum des Vergangenen und Zukünftigen auf den gegenwärtigen Zeitpunkt reduziert wird. Dies können wir uns bildlich so vorstellen:

Ein Luftballon gerät umso mehr unter Spannung, je stärker er aufgeblasen wird. Entsprechend verhält es sich mit dem Zeitraum, den wir durch unser Denken »aufblasen«. Wenn wir »die Luft rauslassen«, uns also mehr und mehr auf das Naheliegende einstellen, bauen wir Spannung ab.

Diese *Entspannung* eröffnet uns den Zugang zur Welt eines kleinen Kindes, das den »Augenblick an die richtige Stelle rückt«, wie es Erich Kästner einmal formulierte. Wie das geht, zeigte Diogenes, der bekanntlich in einem Fass wohnte:

Eines Abends, als Diogenes vor diesem Fass saß und die Abendsonne genoss, erschien Alexander der Große und erklärte: »Diogenes, du kannst einen Wunsch äußern, gleichgültig, wie anspruchsvoll er ist. Ich werde ihn dir erfüllen!« Und was wünschte sich Diogenes? Er wünschte sich, dass Alexander einen Schritt zur Seite treten möge, denn dieser stand ihm vor der Sonne ...

George Bernard Shaw resümierte in seinen späten Jahren: »Ich habe gelernt, vom Leben nicht viel zu erwarten. Das ist das Geheimnis aller echten Heiterkeit und der Grund, warum ich immer angenehme Überraschungen statt trostloser Enttäuschungen erlebe.« Ähnlich dachte der antike Philosoph Plutarch, der vor langer Zeit bemerkte: »Wer wenig braucht, wird nicht auf vieles verzichten müssen!«

Auch Goethe praktizierte gern die Reduktion: Einmal wurde er in seinem Weimarer Haus von einem Gelehrten aufgesucht. Gleich nach der Begrüßung öffnete der Professor die

Schleusen seiner Beredsamkeit, um Goethe in die Geheimnisse der Hegel'schen Philosophie einzuführen. Der Dichterfürst hörte ihm lange zu, ohne ein Wort von sich zu geben. Schließlich stand er auf, zog die Glocke und sagte zum eintretenden Diener: »Bringen Sie dem Herrn eine Tasse Bouillon!«[25]

ÜBUNG

Die minimale Leistung dieses Tages

Gönnen Sie sich fünf Minuten Aufmerksamkeit! Legen Sie das Buch weg und fragen Sie sich, was Ihnen heute schon gelungen ist. Überschreiten Sie aber nicht das Leistungsniveau eines kleinen Kindes. Fragen Sie auch Ihre Bekannten und Kollegen nach der »minimalen Leistung« des heutigen Tages. Hier einige Beispiele:

»Heute habe ich mir wenigstens die Hosen angezogen, ohne das Gleichgewicht zu verlieren.«

»Heute habe ich zumindest gefrühstückt, ohne zu kleckern.«

»Heute habe ich es wenigstens geschafft, das Frühstücksgeschirr ohne schlechtes Gewissen *nicht* wegzuräumen.«

»Heute habe ich mir zumindest die Schuhe ohne Rückenschmerzen zubinden können.«

»Heute habe ich es wenigstens fertiggebracht, eine Stufe nach der anderen zu nehmen, ohne zu stolpern.«

»Heute habe ich die Post geöffnet, ohne dass ich einen Brief zerrissen habe.«

»Heute habe ich zumindest eine gute Verdauung gehabt.«

»Heute habe ich Zucker nachgefüllt, ohne Spuren auf dem Boden zu hinterlassen.«

»Heute hat mich meine Kollegin angelächelt und ich habe zurückgelächelt.«

»Heute habe ich den Vormittag im Büro unauffällig hinter mich gebracht.«

Ein Manager profitierte von einer einfachen Affirmation, die er sich immer wieder durch den Kopf gehen ließ: »Hauptsache, ich krieg meinen Zahltag!«

Als der Hollywoodschauspieler Robert Mitchum 60 Jahre alt wurde, fragte ihn ein Journalist, was die größte Leistung seines Lebens gewesen sei. Mitchum gab zur Antwort: »Als ich 30 Jahre alt war, konnte ich mir nicht vorstellen, die nächsten fünf Jahre zu überleben. Und nun bin ich 60 Jahre alt geworden! Das ist die größte Leistung meines Lebens.«

Der berühmte Missionsarzt Albert Schweitzer wurde einmal gefragt, weshalb er in der Eisenbahn immer nur dritter Klasse fahren würde. Schweitzer erwiderte: »Weil es keine vierte Klasse gibt!«

Der 105-Jährige ist das Glanzstück der Verjüngungsklinik. Er wird einer Kommission von Sachverständigen vorgestellt. »Und was haben Sie getan, dass Sie so alt wurden?«, wird er gefragt. – »Immer geatmet, meine Herren. Nie aufgehört zu atmen.«

Höhen und Tiefen gehören zum menschlichen Leben dazu. Wer immer nur hoch hinauswill, wird die Niederungen des Lebens fürchten. Sein Blick bleibt starr nach oben gerichtet:

- auf Mitmenschen, denen es besser geht, die mehr im Leben erreicht haben,
- auf soziale, erotische, finanzielle und berufliche Erfolge, die sich nur unter günstigsten Umständen einstellen,
- auf eine körperliche Höchstleistung, die eine gesundheitliche Topform voraussetzt.

Werden diese Erwartungen nicht erfüllt, können sich schnell Gefühle von Selbstzweifel, Miesmacherei, Scham, Neid und Verzweiflung einschleichen. So wird eine chronische Verbitterung hervorgerufen. Sollten sich zudem berufliche Niederlagen oder gesundheitliche und familiäre Schicksalsschläge einstellen, kann dies zu einer lähmenden Resignation führen, die die Lebensfreude allmählich erstickt.

Einen heilsamen Ausweg ermöglicht ein Perspektivenwandel, der den Blick konsequent *nach unten* richtet:

- auf Mitmenschen, die vom Leben stiefmütterlich behandelt wurden, denen es schlechter geht als mir selbst,
- auf berufliche Misserfolge sowie partnerschaftlich-familiäre oder gesellschaftliche Enttäuschungen, die sich eingestellt hätten, wenn mein Leben eine andere Wendung genommen hätte,
- auf gesundheitliche Schicksalsschläge, von denen Freunde und Bekannte getroffen wurden, die mir selbst aber erspart blieben.

Ein erfolgreicher Sportler berichtete:

»Als Fünfjähriger stürzte ich beim Spielen in eine Baugrube und verletzte mich am Rücken. Danach war ich für einige Tage teilweise gelähmt. Wenn ich heute einen schwarzen Tag habe, male ich mir aus, wie ich mein Leben als Gelähmter so geführt hätte, dass ich heute ein einigermaßen zufriedener Mensch wäre. Es tun sich dann Perspektiven auf, die ich nie vor Augen hätte, wenn ich mich nur auf eine optimale Entwicklung in meinem Leben einstellen würde. Als Folge stellt sich regelmäßig ein tiefes Gefühl von Dankbarkeit ein!«

Dankbarkeit entsteht auf der Grundlage einer *bescheidenen* Erwartungshaltung dem Leben gegenüber. Je geringer die eigenen Ansprüche sind, desto geringer ist die Wahrscheinlichkeit, enttäuscht zu werden – und desto größer ist die Chance, angenehm überrascht zu werden. Diese Reduktion lebensgeschichtlicher Möglichkeiten eröffnet eine im besten Sinne des Wortes befriedigende Sichtweise. Sie findet ihren Ausdruck in einer Überzeugung wie dieser: »Mein Leben verlief bislang gut genug, es hätte viel schlimmer kommen können!«

Ursula Nuber schreibt in einer Titelgeschichte von *Psychologie heute*:

»Dankbarkeit ist eine wichtige psychologische Ressource, die einem das Leben unendlich erleichtern kann. Dieses Gefühl, tief empfunden, schützt vor Enttäuschungen, Verbitterung und nimmt den unvermeidlichen Nackenschlägen des Schicksals viel von ihrer Kraft. Menschen, die Dankbarkeit noch nicht als Ressource entdeckt haben, konzentrieren sich meist auf das, was ihnen nicht gelingt.«[26]

ÜBUNG

Was wäre, wenn ich weniger aus meinem Leben gemacht hätte?

Machen Sie eine Phantasiereise zurück zu den »Schaltstellen« Ihres Lebens. Damit sind Ereignisse von existenzieller Bedeutung gemeint: Krankheiten, Unfälle, Abschlussprüfungen usw. Stellen Sie sich jeweils vor, wie Ihr Leben heute aussehen würde, wenn Sie

- von einer schweren Krankheit beziehungsweise einem Unfall in der Vergangenheit nicht richtig genesen wären,
- eine wichtige Abschlussprüfung in Ihrer Berufsausbildung beziehungsweise Ihrem Studium nicht bestanden hätten,
- als Jugendliche/r auf die schiefe Bahn geraten wären,
- beruflich beziehungsweise finanziell gescheitert wären usw.

Fragen Sie sich, was Sie tun müssten, um Ihr Leben auch *unter diesen Umständen* zu bewältigen.

Im Heilbad trinkt ein Mann morgens ausgiebig vom laxativen Mineralwasser. Beim Spaziergang durch den Kurpark spürt er jählings die mächtige Wirkung des Wassers. Nur mit Mühe schafft er es zur öffentlichen Bedürfnisanstalt. Er versucht die erste Toilettentür zu öffnen: besetzt! Dann die zweite: ebenfalls besetzt! Und so geht es weiter, bis er vor der letzten Tür steht. Doch auch diese Tür ist verschlossen. erzweifelt rüttelt er an dieser Tür und ruft: »Bitte machen Sie auf. Ich mach mir gleich in die Hosen!« Von innen eine gepresste Stimme: »Sie wissen gar nicht, wie gut Sie es haben!«

Reduktion statt Perfektion

Ein Grundsatz humoristischer Reduktion lautet: *Es ist vollkommen in Ordnung, dass ich nicht vollkommen bin*! Dazu Peter Ustinov: »Ich bin besonders glücklich, wenn das Glück unvollkommen ist. Vollkommenheit hat keinen Charakter.«[27] Gehen Sie also auf Distanz zur Leitidee der Perfektionisten: Ich *muss* absolut vernünftig, logisch, höflich, klug, würdevoll – also hundertprozentig *normal* sein!

Wer sich so einstellt, begibt sich, um es bildlich zu beschreiben, ausschließlich auf perfekt in Stand gehaltene Autobahnen. Das Motiv ist klar: Er oder sie will möglichst schnell ans Ziel gelangen und dabei gleichzeitig möglichst wenig Risiken in Kauf nehmen. Auf der breiten Autobahn fährt man, ohne abbiegen zu müssen, man braucht sich nicht an komplizierten Richtungsanweisungen zu orientieren, kommt nicht in den Verkehr von Innenstädten usw. Kein Wunder, dass der

Verkehr auf Autobahnen immer mehr zunimmt und ein Stau dem anderen folgt. Das veranlasst manche Autofahrer, auf schlechter ausgebaute Nebenstraßen auszuweichen. Dies kann so weit führen, dass schließlich auch Feldwege befahren werden, die für den normalen Verkehr zwar gesperrt sind, aber eine (wenn auch langsame) freie Fahrt ermöglichen. Zudem ist der Erlebniswert auf diesen abseitigen Pfaden zweifellos höher.

Wer die Autobahn der Normalität bewusst und gelassen hinter sich lässt, geht allerdings das Wagnis der Unvollkommenheit ein. Er oder sie verlässt vertraute und bequeme Bahnen und betritt Neuland. Diese Grenzüberschreitung erfordert den Mut,

- sich auf Unbequemes, vielleicht auch Verbotenes einzulassen,
- das Risiko einzugehen, dabei »Federn zu lassen« und sich zu blamieren,
- zum Außenseiter oder Aussteiger zu werden.

Wer diesen Mut aufbringt, vermag allerdings festgefahrene Strukturen aufzubrechen, einseitige Denkweisen aufzulockern und neue Perspektiven zu finden. Dieser Mensch nimmt in letzter Konsequenz die Identität des Exzentrikers an.

Hannelore Hippe schreibt:

»Was haben Jesus von Nazareth, Galileo Galilei, Buddha und Einstein gemeinsam? Sie verließen ausgetretene Pfade, ignorierten gedankliche oder gesellschaftliche Gepflogenheiten und fürchteten nicht, sich dadurch lächerlich zu machen. Sie verweigerten sich den Erwartungen ihrer Umwelt und hielten allen – zum Teil lebensbedrohenden – Widrigkeiten stand, um ihre Überzeugungen nicht verraten zu müssen. Jesus, Galileo, Buddha und Einstein waren Exzentriker.«[28]

Selbstverständlich muss nicht jeder Exzentriker zu einem epochalen Wegbereiter werden. Doch die Voraussetzungen für einen Humoristen, der von Zeit zu Zeit bewusst und genüsslich aus der konventionellen Rolle fällt, erfüllt der Alltagsexzentriker allemal! Waleed A. Salameh notiert:

»Humorvolle Menschen lieben das Unvollkommene. Sie genießen es, ihre ›Macken‹ zu kultivieren. Sie schätzen das Mangelhafte schon deshalb, weil es ihnen jene ›besondere Note‹ verleiht, die sie von anderen Menschen abhebt. So können kleine Ticks, exzentrische Lebensstile, seltsame Angewohnheiten und andere Äußerungen von Unvollkommenheit einen reichen Nährboden für die Entstehung von Humor bereiten.«[29]

Reduktion ...

Der Dichter Joachim Ringelnatz, der die deftige Einfachheit über alles liebte, lernte bei einer Abendgesellschaft einen jungen Lyriker kennen, der ihm zu schmeicheln versuchte: »Herr Ringelnatz, Sie haben Ihre großartigen Verse doch sicher mit Ihrem Herzblut geschrieben?« Darauf Ringelnatz: »Nee, mein Bester, mit Cognac und Steinhäger!«

Auch Robert Walser, der begnadete Schweizer Schriftsteller, übte sich in konsequenter Bescheidenheit. Viele Jahre seines Lebens verbrachte er freiwillig in Nervenheilanstalten, wo er tatsächlich alle »Narrenfreiheit« hatte. Im Jahre 1917 begegnete Walser in der Züricher Spiegelgasse dem Revolutionsführer Lenin, der ihn sofort auf seine Bücher ansprach. Die einzige Bemerkung, die Walser darauf von sich gab, war die Frage: »Haben Sie auch das Glarner Birnenbrot so gern?«

> »Wären alle Menschen vollkommen, dann wären alle einander gleich, jeder Einzelne durch einen beliebigen Vertreter also ersetzlich. Gerade aus der Unvollkommenheit des Menschen folgt aber die Unentbehrlichkeit und Unaustauschbarkeit jedes Einzelnen; denn der Einzelne ist zwar unvollkommen, aber jeder ist es in seiner Art.«
> (Viktor Frankl)[30]

Auch Herbert Wehner nahm sich dieses Prinzip zu Herzen. Als Helmut Kohl bei einer Bundestagssitzung erklärte: »Jetzt ist nicht die Stunde des Vernebelns und Beschönigens, jetzt ist die Stunde des Mutes!«, rief Wehner dazwischen: »Mittag ist jetzt!«

So lässt sich diese Schlussfolgerung ziehen: Wer im Bezugssystem vernünftigen Erwachsenendenkens nicht mehr so recht weiterkommt, sollte sich zuweilen im weniger vernünftigen Bezugssystem des Kindes umsehen. Wie das geht, hat schon der alte Pauker in der legendären *Feuerzangenbowle* dem Filmpublikum erklärt: »Da stellen wir uns janz, janz dumm, Pfeiffer!«

ÜBUNG

Reduktion im Computerzeitalter

- Vergessen Sie das Motto des Computers: »Funktionieren oder Nichtsein«.
- Vertrauen Sie Ihrem Format und lassen Sie sich nicht formatieren – Sie sind keine Festplatte!
- Verlassen Sie den Dateimanager, der nur anzeigt, was ohnehin vorhanden ist – nicht aber Ihre Möglichkeiten!
- Lassen Sie sich nicht von Bedienerführungen verführen, die Ihnen befehlen, das »Schnellere«, »Höhere«, »Stärkere« anzupeilen!
- Üben Sie das Weglassen, bevor der Absturz Sie zum Aufgeben zwingt!
- Schalten Sie das Korrekturprogramm aus und lassen Sie sich ganz einfach »gehen«!

Ein Arzt fragt seinen Patienten, nachdem er ihn genau untersucht hat, ob er an Blähungen leide. Dieser antwortet: »Wieso leiden, Herr Doktor? Ich bitte Sie – das ist mein einziges Vergnügen!«

Kontrollverlust und Scheitern? Ja – bitte!

G. Hemmt neigt zu Lampenfieber, wenn er vor vielen Zuhörern sprechen muss. Solche Situationen rufen bei ihm höchst unangenehme Gefühle hervor, gegen die er konsequent ankämpft. Weil er unbedingt »normal« erscheinen will, hat sich G. Hemmt, um das Bild von oben wieder aufzugreifen, auf das Befahren von Autobahnen eingeschworen – und ist im Stau stecken geblieben. Er könnte nun ohne weiteres eine Ausfahrt nehmen, also den Zuhörern zum Beispiel erklären: »Meine Damen und Herren! Mir scheint, dass ein formaler Vortrag nicht dem entspricht, was Ihnen und mir gut tut und uns gemeinsam weiterbringt. Wir können daher gerne in die Diskussion einsteigen!« Doch diesen Ausweg lässt seine E-Strategie nicht zu. Also bemüht sich G. Hemmt angestrengt, *nicht* zu erröten, *nicht* zu stottern, *nicht* kurzatmig oder verkrampft zu sein – und erreicht genau das Gegenteil. Das Lampenfieber nimmt zu, schließlich ist er an einem Punkt angelangt, wo scheinbar nichts mehr geht.
Wenn der Körper zuweilen nicht mehr normal funktioniert, ist dies kein Grund zur Panik. Wir brauchen uns lediglich vor Augen zu führen, dass wir nicht wie Roboter programmiert sind. Die gefühlsbetonte Weisheit unseres Körpers[31] folgt den K-Strategien (und nicht der Vernunft des Erwachsenen). Wer wie G. Hemmt vor einer verschlossenen Tür steht, sollte deshalb ruhig nach Türen Ausschau halten, die geöffnet sind – auch wenn diese in Räume führen, die auf den ersten Blick abwegig erscheinen.

Der Humor kann uns Wege erschließen, die zu »geöffneten Türen« führen, einfach deshalb, weil es für den Humor keine einseitigen Zwänge, keine unumstößlichen Regeln und keine perfekt ausgebauten Autobahnen gibt.

Der Arzt trifft seinen Patienten in der Kneipe. »Sehen Sie«, sagt er strafend, »wie Sie sich schütteln nach dem Genuss dieses abscheulichen Branntweins!« – »Ach nä, Doktor«, grinst der Mann. Das tu ich man bloß, damit der Schnaps auch bis in die letzten Falten kommt.«

Wer sich rechtfertigt, ist recht fertig

Wenn die schlechte Laune der Schnupfen des Gemüts ist, sind die Schuldgefühle der Muskelkater der Seele. Der seelische Muskelkater eines Menschen bleibt chronisch, wenn er dauernd mit den Schnupfenviren des Gemüts bombardiert wird. Woran man diesen Schnupfen erkennt? Am Nörgeln, Meckern, Kritisieren und – im fortgeschrittenen Stadium – am eisigen Schweigen.

Die Gründe dafür sind vielfältig und oft unerklärlich. Die Frage ist, wie gehen wir damit um? Bewegen wir uns aufgrund dieser Gemütserkältung wie Marionetten, die dem Motto folgen: Mir geht es schlecht, weil die anderen denken, dass ich mich nicht anpassen kann – ein Knopfdruck genügt und ich liege am Boden?

Die unsichtbaren Fäden abzuschneiden, die uns mit den Strickmustern vergangener Niederlagen verbinden, fällt häufig schwer. Deshalb müssen wir uns einen neuen Pullover stricken (um dieses Bild fortzuführen). Doch hier beginnt schon das Problem: Wenn wir mit dem Stricken beginnen, haben wir häufig Mühe, uns von alten Mustern zu lösen.

Nehmen wir zum Beispiel das Muster der *Rechtfertigung*. Die Rechtfertigung ist das Vorspiel zur Entschuldigung. Das Muster ist das gleiche: Wir beschreiben wort- und ausdrucksstark gerade das, was wir eigentlich von uns weisen möchten – das heißt, wir machen das zum Thema unseres Redens, was uns als unangenehm, peinlich und beschämend erscheint.[32]

Eine Ehefrau, von ihrem Mann in flagranti ertappt: »Reg dich doch nicht so auf! Ich kenne nicht einmal seinen Namen!«

Der Chef meint beiläufig zu seinem Mitarbeiter Lieb: »Am Freitagnachmittag wollte ich mit Ihnen noch kurz über das neue Projekt sprechen. Aber Sie waren wohl schon ins Wochenende gefahren ...«

Da in diesem Betrieb die Gleitzeit eingeführt war, hatte sich Herr Lieb eigentlich nichts vorzuwerfen. Er hätte also durchaus mit einem schlichten Ja antworten können. Er entschied sich aber für die Ochsentour der Rechtfertigung, wodurch er sofort in die Falle des Überbietungsprinzips (S. 37) geriet. Er erklärte: »Normalerweise bin ich auch am Freitag bis 16 Uhr im Betrieb. Letztes Mal musste ich aber früher gehen, weil sich die Oma, äh, die Mutter meiner Frau, zu Besuch angesagt hatte. Also, ich musste sie vom Bahnhof abholen und man weiß ja nie, wie das am Freitagnachmittag mit dem Verkehr ist ...« Und so ging das noch eine Weile weiter. Schließlich wurde der Chef ungeduldig und beendete das Gespräch kurz und bündig: »Das nächste Mal sagen Sie mir rechtzeitig Bescheid!« Dann wandte er sich grußlos ab und ging.

Was war geschehen? In seinem Wunsch, den Chef – unnötigerweise – günstig zu stimmen, folgte Herr Lieb einer beflissenen E-Strategie, die man ihm schon im Grundschulalter beigebracht hatte. Dieses strategische Muster hatte er durch alle Stadien der Persönlichkeitsentwicklung mitgeschleppt. Somit verhielt sich Herr Lieb zuweilen wie ein kleiner Junge, der es den Großen recht machen will.

Rechtfertigungen (ver-)führen nicht nur dazu, dass wir uns in eine unterlegene Position hineinmanövrieren. Sie sind dazu noch der »Humorkiller Nr. 1«!

Rechtfertigungen tragen das Siegel der Wohlerzogenheit, weil sie die logische Eigenart der K-Strategien mit den Vernunftargumenten der E-Strategien zu erklären versuchen – was aber nur selten gelingen kann! So bleibt die Spontaneität eines kreativen Kindes auf der Strecke. Deshalb sind wir gut beraten, wenn wir Vorwürfe und kritische Vorhaltungen vorbehaltlos, aber natürlich auch augenzwinkernd annehmen – zum Beispiel mit dieser Floskel: »Sie haben vollkommen Recht! Ich weiß, ich bin unmöglich.«

Lassen Sie Ihren Gedanken freien Lauf! Führen Sie sich vor Augen, dass kreatives Denken nichts anderes als ein Spielen mit Ideen ist. Als Kinder waren wir darin noch Experten. Doch mit der Zeit mussten wir lernen, uns immer neue Spielregeln anzueignen. Wir lernten, das Richtige vom Falschen, das Erlaubte vom Verbotenen zu unterscheiden und unsere (Un-)Taten zu rechtfertigen. So blieb ein guter Teil unserer ursprünglichen Kreativität auf der Strecke.

Der Doktor trifft seinen Patienten auf der Straße. »Aber, aber, mein Bester. Ich habe Ihnen doch das Rauchen untersagt. Und jetzt treffe ich Sie hier mit einer brennenden Zigarette?« – »Reine Gefälligkeit, Herr Doktor. Damit ich mal jemand mit Feuer aushelfen kann.«

Die Garderobiere einer Berliner Bar hat ein gutes Gedächtnis. Sie gibt nur selten Zettel aus. Ein Gast erlaubt sich einen Scherz: »Sind Sie ganz sicher, dass das mein Mantel ist?« – »Dett nich«, sagt die Garderobiere bestimmt, »aba et is der Mantel, den Se mia jejeben ham!«

Kontra-Rechtfertigungen

Rechtfertigungen kommen gewöhnlich als Weil-Begründungen daher. Dies ist konventionell und langweilig. Kreativ und schlagfertig sind dagegen *Kontra-Rechtfertigungen*. Wie das geht? Sie stellen einfach Weil-Begründungen her, die abwegig, absurd oder auch nur blödsinnig sind. Ein Beispiel gab der berühmte Physiker Alessandro Volta. Er war ein leidenschaftlicher Kaffeetrinker, trank seinen Kaffee aber grundsätzlich ohne Zucker. Wurde er nach dem Grund gefragt, erwiderte Volta ungerührt: »Weil ich so mehr Kaffee in die Tasse bekomme.«

»Warum tragen Sie nur einen Sack, wenn die anderen zwei tragen?«, fragt der Vorarbeiter. – »Wenn die zu faul sind, um zweimal zu laufen, ist das doch nicht meine Schuld!«

Die reduzierte Logik der Kontra-Rechtfertigungen lässt sich üben, indem Sie sich beliebige Weil-Begründungen einfallen lassen, die möglichst »danebenliegen«. Hier einige Beispiele:

- Frauen haben höhere Stimmen, weil man sie sonst nicht von Männern unterscheiden kann.
- Im Winter ist es meistens kalt, weil diese Jahreszeit in die Heizperiode fällt.
- Fische sind stumm, damit sie beim Reden kein Wasser schlucken, wenn sie das Maul aufmachen.
- Nachts ist es dunkel, weil man sonst nicht so gut schlafen kann.
- Flugzeuge fliegen, weil sie auf der Straße zu wenig Platz hätten.

Wenn Sie sich systematisch darin üben, logisch reduzierte Weil-Begründungen zu finden, werden Sie mühelos auch mit unangenehmer Kritik umgehen. Auch hierzu einige Beispiele:

- »Weshalb haben Sie eigentlich kein Abitur gemacht?« – »Weil ich nicht buchstabieren kann!«
- »Warum sind Sie nicht fähig, mir in die Augen zu schauen, wenn ich mit Ihnen spreche?« – »Weil ich den Silberblick habe!«
- »Warum sind Sie so schlecht im Kopfrechnen?« – »Weil sich bei mir alles unter der Gürtellinie abspielt!«
- »Sie wirken unkonzentriert! Wie kommt das?« – »Weil ich die ganze Zeit an die Altpapiersammlung denken muss.«
- »Wieso können Sie das Rauchen nicht endlich aufgeben?« – »Weil ich meinen Mundgeruch überspielen muss!«

- »Warum sind Sie so einfallslos?« – »Weil ich aus einem bücherlosen Elternhaus komme.«
- »Warum kommen Sie so spät?« – »Weil man mir im Vorschulalter keine Disziplin beigebracht ist.«

Eine Alternative sind abwegige *Vergleiche*. Sie überlegen sich einfach, was Ihnen lieber ist als die Vorhaltung, die Ihr Gesprächspartner Ihnen entgegenbringt. Je absurder dieser Vergleich ausfällt, desto besser! Hier wieder einige Beispiele:[33]

- »Ihre Präsentation war wenig überzeugend. Kann es sein, dass Sie rhetorisch nicht auf der Höhe sind?« – »Lieber rhetorisch nicht auf der Höhe sein als emotional im Keller!«
- »Sie haben eine unvorteilhafte Frisur!« – »Lieber eine unvorteilhafte Frisur als keine Haare auf dem Kopf!«
- »Sie haben ja kein Benehmen!« – »Lieber die eigene Meinung sagen, als den Mund nicht aufbekommen!«
- »Sie sehen aber ganz schön übernächtigt aus!« – »Lieber übernächtigt aussehen, als morgens auf dem Schlauch stehen!«

Vergleichen Sie dazu die Sprichwortparodien im Anhang!

Reine Geschmacksache ist es, ob Sie noch tiefer gehen wollen, nämlich auf die Stufe körperlicher Befindlichkeiten. Bekanntlich hat die Psychoanalyse die Motivation des Menschen auf Triebimpulse zurückgeführt, die sich »unter der Gürtellinie« abspielen. Dadurch lassen sich gerade peinliche Fragen ein für alle Mal klären. Einige Beispiele:

- »Warum werden Sie rot?« – »Weil ich sexuell erregt bin!«
- »Sie bewegen sich sehr verkrampft, wie kommt das?« – »Weil ich gerade Stuhlgang habe!«
- »Warum sind Sie jetzt sprachlos?« – »Weil ich meine Blasenfunktion kontrolliere!«

Ein junges Ehepaar sitzt beim Abendessen. Der Mann erkundigt sich: »War das Essen wieder aus der Dose?« – »Ja, mein Schatz, und stell dir vor, es war so ein süßer Hund darauf abgebildet und daneben ist gestanden: Für Ihren Liebling!«

Unbefangen gewinnen

Sprichwörtlich heißt es, »Frechheit siegt«. Freche Kinder sind unbefangener, durchsetzungsfähiger und meistens auch fröhlicher als brave Kinder. Diese Unbefangenheit fängt schon beim Trotzen an. Alfred Adler befasste sich als Kinderpsychiater eingehend mit diesem Problem. Seine Bücher sind immer noch Bestseller. Eines Tages, so wird berichtet,[34] schloss sich eine seiner Töchter aus Trotz im Klo ein. Adler setzte sein ganzes pädagogisches Können ein, als er seiner Tochter durch die geschlossene Klotür begütigend zusprach. Schließlich war diese bereit, die Tür zu öffnen, freilich mit einer Einschränkung. Sie sagte: »Ich werde rauskommen, aber *sehr, sehr* langsam!«

Unbefangene Kinder lieben es, unanständig zu sein. Ein Kinderarzt erzählte uns von einem Dreikäsehoch, der mit seiner Mutter zur Untersuchung kam. Als er vom Arzt aufgefor-

Nichts ist unmöglich

dert wurde, die Zunge rauszustrecken, zögerte der Kleine zunächst. Dann aber überzog ein verschmitztes Grinsen sein ganzes Gesicht. Den Grund dafür formulierte er auf seine Weise: »Auch Arschloch sagen?«

Das unbefangene Kind findet im Aussprechen von »schmutzigen Wörtern« ebenso eine herrliche Möglichkeit zur lustvollen Selbstbehauptung wie im Anstellen von schlimmen Sachen. Denn gerade der erhobene Zeigefinger der Erzieher (und später des eigenen Gewissens!) lässt einen lustigen Widerspruch entstehen, der sich häufig im Lachen äußert. Dies kann auch bei Erwachsenen der Fall sein.

Karl Lenzberg, ein bekannter Psychotherapeut, beschrieb das folgende Szenario:

»Eine Teegesellschaft ist beisammen. Einer der Teilnehmer erzählt über ein äußerst interessantes Thema und bewegt sich mit seinen Gedanken in hoher Sphäre. Für einen Moment dreht er sich um, erhebt sich, um die ihm gereichte Teetasse zu ergreifen. In diesem Moment zieht ihm ein anderer Teilnehmer den Stuhl fort, prompt fällt er hin und sofort bricht allgemeines Gelächter aus!«[35]

Der legendäre Hofprediger Abraham a Santa Clara wetterte bei einer seiner berühmt-berüchtigten Predigten: »Die Wiener Frauen sind nicht wert, vom Teufel geholt zu werden!« Die Geschmähten beschwerten sich beim Erzbischof und dieser befahl dem Prediger, die Beleidigung zurückzunehmen. Abraham tat es am folgenden Sonntag auf seine Weise: »Entgegen meiner Behauptung vor acht Tagen stelle ich fest, dass die Wiener Frauen es wert sind, vom Teufel geholt zu werden!«[36]

Ein anderes Mal erklärte Abraham von der Kanzel, er könne alle Jungfrauen, die es in Wien gebe, bequem in einem Schubkarren durch die Stadt fahren. Auch diese Behauptung musste er widerrufen. Das tat er, indem er sagte: »Widerrufen kann ich nicht, aber ich habe ja auch nicht gesagt, wie oft ich fahren müsste!«

Ähnlich unbefangen verfuhr der preußische General von Wrangel, der 1840 zu einem Hofball im Berliner Schloss geladen wurde. Während des Tanzes mit einer hübschen Prinzessin geschah dem alten Haudegen etwas sehr Menschliches. »So was ist mir in meinem ganzen Leben noch nicht passiert!«, sagte die Prinzessin konsterniert. Darauf der General: »Sie waren det, Königliche Hoheit? Ich dachte, mir wär det passiert!«

Zugegeben, das ist starker Tobak! Doch die »Technik« ist klar: Das Bezugssystem des erhobenen Zeigefingers (E-Strategien) prallt auf das Bezugssystem des frechen Lausbuben (K-Strategien) – und schon wird der Lachreflex ausgelöst. Wie wäre es also, das unbefangene »Kind in uns« immer dann in Aktion treten zu lassen, wenn wir uns eigentlich rechtfertigen sollten? Das geht ganz einfach: Wir üben uns darin, zu unseren wirklichen oder angeblichen Fehlern ohne Wenn und Aber zu stehen. Das beginnt damit, dass *jede* Vorhaltung von Vorgesetzten, Kollegen, Partnern usw. vorbehaltlos bejaht wird.

Humorvolle Menschen machen es sich grundsätzlich leicht: Sie agieren unbefangen und unbeirrt, ohne wirklich taktlos oder gar verletzend zu sein. Zuweilen setzen sie sich auch über die Regeln der guten Kinderstube hinweg. Und sie kümmern sich vor allem nicht allzu sehr um die Vernunft!

In diesem Sinne gab sich der Nervenarzt und Verfasser des *Struwwelpeters,* Heinrich Hoffmann. Als er beim Frankfurter Patrizier Donner um die Hand seiner Tochter anhielt, fragte ihn dieser ziemlich streng: »Und was haben Sie für Aussichten für die Zukunft?« – »Die allerbesten«, entgegnete Hoffmann, »ich spiele ein Achtellos in der Lotterie.«

Als der ehemalige Bundeskanzler Adenauer zu einem Staatsbesuch nach London kam, empfing ihn Winston Churchill mit den Worten: »Kein Zweifel, Mr. Adenauer: Wir werden allmählich alt.« Darauf Adenauer ohne Zögern: »Ihrer Frau Gemahlin sieht man das aber wirklich nicht an!«[37]

Und hier weitere Beispiele unbefangener Erklärungen:

- »Wozu haben Sie so eine große Tasche dabei?« – »Damit ich Briketts und Rüben transportieren kann!«
- »Sie gähnen aber viel! Sind Sie müde?« – »Ja, und wie! Die Flasche Wein zum Frühstück ist mir nicht gut bekommen!«
- »Warum sehen Sie so blass aus?« – »Weil ich mich aus Kostengründen nur von Brot und Wasser ernähre.«

- »Sie haben sich aber ganz schön verändert!« – »Stimmt, selbst meine Mutter dachte, ein Ufo ist gelandet.«[38]
- »Warum machen Sie so viele einsame Spaziergänge?« – »Um Liebespärchen zu belauschen.«

Arzt zur neuen Patientin: »Sie kommen mir bekannt vor, Gnädigste. Ich glaube, Ihr Gesicht habe ich schon mal woanders gesehen.« – »Ausgeschlossen, Herr Doktor. Ich trage mein Gesicht immer an der gleichen Stelle.«

»Verzeihen Sie, ich suche den Bahnhof.« – »Ich verzeihe Ihnen, suchen Sie ruhig weiter!«

»Moritz, wie buchstabierst du Rhythmus?« – »R-i-t-m-u-s!« – »Aber im Wörterbuch steht R-h-y-t-h-m-u-s!« – »Ja, aber Sie haben mich gefragt, wie ich es buchstabiere!«

Humorvolle Affirmationen

Kinder besitzen weder den Wortschatz eines Erwachsenen, noch sind sie in der Lage, komplizierte Sachverhalte zu formulieren. Dennoch gelingt es ihnen fast immer, das Wesentliche auszudrücken, weil das gesprochene Wort immer durch einen lebendigen mimischen Ausdruck ergänzt wird. Erwachsene gebrauchen in der Regel viele Worte, ihr Gesichtsausdruck ist aber wesentlich verhaltener.

E-Strategien brauchen das gesprochene Wort und nicht das bewegte Muskelspiel der Mimik. K-Strategien beruhen hingegen auf verbaler Schlichtheit, die mit mimischer Vielseitigkeit kombiniert wird (vgl. S. 122). Diesem Muster folgen kurze und prägnante Affirmationen wie diese:

- *»Alles klar!«* (Strahlendes Lächeln)
- *»Geht in Ordnung!«* (Augenzwinkern)
- *»Wird schon schief gehen!«* (Weinerlich verzogenes Gesicht)
- *»Na und!«* (Weit aufgerissene Augen)
- *»Nicht gut? – Auch gut!«* (Verschmitztes Grinsen)
- *»Super!«* (Begeisterter Gesichtsausdruck)
- *»Macht nichts!«* (Auseinander gezogene Mundwinkel bei zusammengepressten Lippen)
- *»Hals- und Beinbruch!«* (Tiefes Durchatmen, beide Augen werden zusammengekniffen)
- *»Bravo!«* (Augenbrauen sind weit nach oben gezogen)
- *»So ist es!«* (Kopfnicken bei gespitzten Lippen)
- *»Klasse!«* (Auseinander gezogene Mundwinkel bei geöffnetem Mund)
- *»Stimmt genau!«* (Kopfnicken bei hochgezogenen Augenbrauen)
- *»Kompliment!«* (Gespitzte Lippen, geweitete Augen, Kopfnicken)

Bei einer Konferenz wird der Vortragende von einem Mitarbeiter heftig kritisiert. Worauf der Angesprochene mit einem strahlenden Lächeln erwidert: »Schon gewonnen!«

Ein anderes Beispiel: Nachdem ein Redner von einem Zwischenrufer mehrfach unterbrochen wurde, stieg er schließlich vom Podium hinab. Er marschierte schnurstracks und breit grinsend auf den Störer zu und gab ihm die Hand mit folgenden Worten: »Toller Zwischenruf! Kompliment!« Das Publikum schüttelte sich vor Lachen.[39]

Die Technik humoristischer Affirmation beruht auf dem Prinzip vorbehaltloser Bestätigung jedweder Kritik, indem sämtliche Vorwürfe lachend bestätigt werden, zum Beispiel mit diesen Worten: »Du hast völlig Recht! Ich weiß, ich bin unmöglich!«

Eine Variante dieser Technik verwendete Waleed A. Salameh bei einer jungen Frau, die große Konflikte mit ihrer überkritischen, stets nörgelnden Mutter hatte. Salameh riet ihr, den Spieß umzudrehen und der Mutter auf alle diesbezüglichen Vorhaltungen stereotyp zur Antwort zu geben: »Du hast völlig Recht, ich bin total daneben! Wahrscheinlich werde ich demnächst meinen Verstand verlieren.« Salameh berichtet, dass die Mutter sofort mit dem Nörgeln aufhörte.[40]

> Nasrudin Mullah befand sich auf dem Heimweg, als er einer Schar spielender Kinder begegnete. Er blieb stehen, um ihnen zuzuschauen. Plötzlich zog ihm eines der Kinder den Turban vom Kopf. Nun begannen alle mit dem Turban wie mit einem Ball zu spielen. Obwohl Nasrudin die Kinder bat, ihm seinen Turban zurückzugeben, spielten diese weiter. So setzte er seinen Heimweg fort. Bald begegnete er einem Nachbarn, der ihn fragte: »Wo hast du deinen Turban gelassen?« Nasrudin gab ihm zur Antwort: »Mein Turban hat sich seiner Kindheitstage erinnert und spielt deshalb mit den Kindern dort auf der Straße!«

Sokratische Weisheit

Seit alters her ist bekannt, dass eine bewusste *Zurückhaltung* bei der Lösung problematischer Aufgaben Vorteile bringt. Wer zu bemüht, zu beflissen und zu eilfertig ist, verschafft sich häufig – völlig ungewollt! – Nachteile. Das ist etwa der Fall, wenn zu viel, zu schnell, zu unüberlegt gesprochen wird (»sich um Kopf und Kragen reden«). Geschwätzige Menschen werden selten ernst genommen. Sie sind gerade im Arbeitsleben oft genug Zielscheibe spöttischer Bemerkungen. Zudem wirken sie lächerlich, wenn sie sich bei jeder Gelegenheit rechtfertigen – und so das eigene Tun in Frage stellen.

Weise Menschen folgen hingegen dem Beispiel von Sokrates, der sich in seiner Lehrtätigkeit darauf beschränkte, einfache *Fragen* zu stellen. Dadurch gab er seinen Gesprächspartnern Gelegenheit, die wahre Erkenntnis in sich selbst zu finden. Diese rhetorische Zurückhaltung ermöglicht eine souveräne Gelassenheit, die sich gewöhnlich in einer entspannt-heiteren Mimik ausdrückt. Wer nach perfekten Erklärungen sucht, nach Worten ringt, um dem Gesprächspartner verbal zu imponieren, erreicht häufig nur das Gegenteil. Nicht selten manövrieren sich die betreffenden Menschen in einen körperlichen Spannungszustand hinein, der sich in einem entsprechend verbissenen Gesichtsausdruck äußert.

Theodor Heuss, bekennender Schwabe und erster Präsident der Bundesrepublik, war leidenschaftlicher Zigarrenraucher. Während eines Gesprächs im Bundespräsidialamt machte ihn ein Besucher darauf aufmerksam, dass auf seiner Weste Zigarrenasche lag. »Des isch die g'wöhnt«, lautete die gelassene Antwort.

Während eines Sturmangriffs sieht der General einen Soldaten zu den hinteren Stellungen laufen. Der General brüllt: »Warum laufen Sie zurück?« – »Weil ich einen gewaltigen Anlauf nehmen will, Herr General!«

Die Kunst der schlichten Fragen

Ein typisches Streitgespräch sieht häufig so aus, dass auf beiden Seiten intellektueller und/oder emotionaler Aufwand betrieben wird. Das geht dann so lange, bis einem der beiden Streithähne die Argumente ausgehen. Und was ist die Folge? Ein Verlierer verlässt das verbale Schlachtfeld, mit Groll im Herzen. Die »besseren« Argumente des Kontrahenten haben ihn nicht wirklich überzeugt. Deshalb sinnt er vielleicht auf Revanche – und so wird viel Energie vergeudet, Energie, die sich in anderen Lebensbereichen konstruktiver nutzen ließe!

Eine humorvolle Gesprächsführung verläuft anders. Sie versucht gerade solche Argumente konsequent zu *relativieren*, die einen provozierenden Unterton aufweisen. Denn alles kann in Frage gestellt werden – auch die Frage selbst! Ein Beispiel:

»Warum hast du das Geschirr immer noch nicht gespült?« – »Tolle Frage! Das ist mir selbst ein Rätsel.«

Sowohl in der Familie als auch im Berufsleben können sich Kommunikationsblockaden ergeben, wenn die erwartete Bestätigung eigener Wünsche ausbleibt. Daraus resultiert nicht selten eine Enttäuschung, die aber nicht immer offen zum Ausdruck gebracht wird. Manche Menschen reagieren dann wie ein trotziges Kind, das sich beleidigt abwendet und ein wütendes »Kampfschweigen« an den Tag legt. Zu dieser Strategie gehört die Verweigerung der Kommunikation, so dass konventionelle Fragen ins Leere laufen. Hier kann die liebevolle Frage »Darf ich schon was sagen oder soll ich noch still sein?« dazu führen, dass sich der kommunikative Knoten schlagartig löst und die Beteiligten lachend wieder zusammenfinden.

»Was ist der Unterschied zwischen Ignoranz und Apathie?« – »Weiß ich nicht und ist mir auch egal.«

Die sokratische Fragetechnik bedient sich kurzer, einfacher Sätze, die jeweils durch Pausen unterbrochen werden. Die eigene Meinung sollte möglichst zurückgehalten werden, damit es nicht zum Argumentieren und Rechtfertigen kommt. Der Gesprächspartner wird in seiner Aussage immer ernst genommen und darf auch beliebig zu Wort kommen.

Die einfachste Fragetechnik stützt sich auf *W-Fragewörter* (Wer? Wie? Wo? Was? Warum? Wieso? Weshalb? Woher? Wodurch? Womit? usw.). W-Fragen sind einfach und knapp. Auf die provokative Feststellung »Ihre Leistung lässt aber sehr zu wünschen übrig!« könnte die einfache Frage gestellt werden: »Wieso?« Der sich anbahnende emotionale Schlagabtausch wird dadurch abgewendet. Es geht nun nicht mehr darum, welcher Kontrahent sich durchsetzt (K-Strategie). Indem der Angreifer »einfach« dazu gebracht wird, seine Behauptung vernünftig zu begründen, wird das Gespräch auf die »Erwachsenenebene« verlagert. Hier aber ist nicht emotionale Überlegenheit das Ziel, sondern die vernünftig überlegte Begründung. So kann eine Lösung gefunden werden, die für alle Beteiligten annehmbar ist.

Bei einiger Übung gelingen auch *Wortspielereien*, sofern man sich auf bestimmte verbale Aspekte der entsprechenden Botschaft konzentriert und diese in Frage stellt, zum Beispiel:

»Manchmal frage ich mich, ob Sie nichts anderes als Unsinn im Kopf haben!« – »Warum fragen Sie sich das nur *manchmal*?«

Durch eine *Rückfrage* wird ein schwieriger Gesprächspartner zum einen geschont, gleichzeitig aber sanft in die Schranken gewiesen. Das gelingt besonders gut, wenn ein Schuss *Selbstironie* dazukommt. Stellen Sie sich einfach bewusst dumm, aber vergessen Sie nicht, dabei gewinnend zu lächeln! Zwei Beispiele:

- »Ist Ihnen denn klar, dass unsere mentalen Abläufe ausschließlich auf der komplexen Bauweise unseres Nervensystems beruhen, das wiederum nach *Instruktionen* aufgebaut ist, die in den Eiweißmolekülen unserer Chromosomen enthalten sind?« – »Ich muss mal ganz dumm fragen: Um welche *Institutionen* handelt es sich da?«
- »Was Sie zum Ausdruck bringen, ist ein Sammelsurium von Gegensätzen, eine Nicht-Identität. Doch Sie gehen in *dialektischer* Verkennung von einer Identität aus!« – »Seien Sie mir nicht böse, aber ich bin etwas schwer von Begriff und muss deshalb nachfragen: Meinen Sie mit *Dialekt*, dass ich alles kann außer Hochdeutsch?«[41]

Wer fragt, der führt! Dieser rhetorische Grundsatz sagt eigentlich alles: Wer »Rede und Antwort steht«, alles erklären, rechtfertigen und begründen will, tut sich hingegen schwer – allein deshalb, weil damit zu viel Aufwand und Anstrengung verbunden ist.

Ein Interview mit einem Politiker, der gerade eine Landtagswahl verloren hat:[42]

Reporter: »Könnte das eine Führungsdiskussion auslösen?«
Politiker: »Was für'n Ding?«
Reporter: »Führungsdiskussion!«
Politiker: »Was verstehen Sie darunter?«
Reporter: »Ein Wechsel in der Führung!«
Politiker: »Ist ein Führungsmitglied an Sie herangetreten?«
Reporter: »Nein!«
Politiker: »Oder sind Sie ein Mitglied meiner Partei?«
Reporter: »Nein!«
Politiker: »Na, sehen Sie!«

Fragt ein Bauer seinen Nachbarn: »Raucht dein Pferd?« – »Nein, wieso?« – »In diesem Fall brennt dein Stall!«

Richter: »Angeklagter! Man kann jede – jede! – Frage mit einem Ja oder einem Nein beantworten!«
Angeklagter: »Jede nicht, Herr Richter.«
Richter: »Nennen Sie mir eine Frage, die ich nicht mit Ja oder Nein beantworten könnte!«
Angeklagter: »Gern, Herr Richter. Haben Sie aufgehört, Ihre Frau zu prügeln?«[43]

Dieter Zittlau schreibt: »Gegen eine Frage kann man sich schon allein deshalb schwerer zur Wehr setzen, weil man sich gegen sie zunächst einmal nicht wehren muss ...«[44] Warum also nicht den einfacheren Weg gehen und sich auf eine schlichte *Nachfrage* beschränken? Dazu wieder zwei Beispiele:

- »Warum sind Sie *immer* so aufmüpfig?« – »*Immer*?«
- »Sie sind *ständig* unpünktlich!« – »*Ständig*?«

Matthias Nöllke[45] empfiehlt eine *Pingpong-Technik*, also ein schlichtes Zurückgeben der provozierenden Feststellung, zum Beispiel:

»Wie schaffen Sie es, dass man Sie bei unserem Personalabbau noch nicht entlassen hat?« – »Keine Ahnung. Wie schaffen Sie es denn?«

Die chassidischen Juden, die für ihre Gewitztheit bekannt waren, waren Meister im Nachfragen. So fragte ein christlicher Herr seinen jüdischen Diener: »Warum antwortet ein Jude auf eine Frage immer mit einer Gegenfrage?« Darauf der Diener verwundert: »Warum soll ein Jude *nicht* auf eine Frage mit einer Gegenfrage antworten?«[46]

»Herr Ober, die Suppe schmeckt aber komisch.« – »Warum lachen Sie dann nicht?«

Der bekannte und äußerst standesbewusste Chirurg Lord Lister traf auf einem Gartenfest mit George Bernard Shaw zusammen. Es entwickelte sich der folgende Dialog:

»Mein lieber Shaw, war Ihr Vater nicht Schneider?«

»Ja.«

»Hatten Sie nie das Bedürfnis, auch einer zu werden?«

»Mylord, Ihr Vater war ein Gentleman, oder?«

»Aber selbstverständlich.«

»Hatten Sie nie das Bedürfnis, auch einer zu werden? «

Matthias Pöhm[47] beschreibt schließlich die »Wäre Ihnen ... lieber«-Technik, die ein ausgesprochen humorvolles Nachfragen ermöglicht. Hier einige Beispiele:

- »Ihnen haben sie wohl das halbe Hirn rausoperiert.« – »Wäre Ihnen das ganze Hirn lieber?«
- »Da ist Lippenstift am Glas.« – »Wäre er Ihnen am Teller lieber?«
- »Du wirst ja immer rot.« – »Wäre dir blau lieber?«

Frau Stark, eine resolute Frau, freute sich über ihre neue Tätigkeit in einem Architekturbüro mit 18 MitarbeiterInnen. Sie verstand sich mit einzelnen MitarbeiterInnen gut, das Einzige, was sie belastete: die Stimmung im Team.

Der Chef zelebrierte die Leitung der Dienstbesprechungen ausgiebig und genussvoll. In einer feierlichen Form überreichte er den Anwesenden die Tagesordnung, die dieses Mal auch die schlechte Stimmung im Betrieb thematisierte. Mit seinen stahlblauen Augen blickte der Chef streng in die Runde. Dann sagte er dezidiert, indem er jedes einzelne Wort betonte: »Das muss anders werden!«

Frau Stark fragte naiv: »*Wann genau* muss es anders werden?«

Die Reaktion der Anwesenden war ein lang anhaltendes Lachen.

Zwei protestantische Geistliche unterhalten sich über den traurigen Zustand, in dem sich die sexuelle Moral gegenwärtig befindet. »Ich bin mit meiner Frau nicht intim gewesen, bevor wir geheiratet haben«, stellt der eine von ihnen selbstgerecht fest. »Du etwa?« – »Ich weiß nicht«, sagt der andere. »Wie hieß sie denn mit Mädchennamen?«

Das Münchhausen-Prinzip: Schön gelogen ist auch wahr!

Für Marcel Proust war Wahrheit nichts anderes als eine »Frage der Perspektive«. Und Alfred Adler verstand Wahrheit lediglich als den »kleinsten Irrtum«. Hans Georg Gadamer riet seinen Studenten der Philosophie süffisant: »Gehen Sie immer davon aus, dass ihr Gesprächspartner Recht hat.« Ein moderner Managerspruch lautet: »Da haben Sie Recht! Aber das ist Ihr Problem!«

Der »Lügenbaron« Hieronymus von Münchhausen war ein leidenschaftlicher Jäger, der bei seinen zahlreichen Jagdgesellschaften die unwahrscheinlichsten Geschichten über sein angebliches Jagdglück zum Besten gab. Verschiedene Schriftsteller nahmen dies zum Anlass, die entsprechenden Lügengeschichten literarisch aufzuarbeiten. So wurde Münchhausen zu einem Inbegriff der Kunst, die Realität zu verbiegen. Die Grenzlinien jenes schmalen Weltausschnitts, der nach allgemeiner Übereinkunft als »wahr« definiert wird, werden in einer »Münchhauseniade« bedenkenlos überrannt.

Zur Lüge gehört immer das Bewusstsein, etwas Unrechtes, Unmoralisches zu tun. Wer die Wahrheit lediglich *kreativ interpretiert* – und das ist auch die hohe Kunst der Diplomatie! –, wird sich durchaus nicht schämen müssen.

Tom besucht einen befreundeten Polizisten auf dem Revier. Dort begegnet ihm unverhofft sein Nachbar Joe, der mit Handschellen abgeführt wird. Tom ist schockiert, aber auch neugierig. So fragt er den Nachbarn unverblümt: »Mensch, Joe, warum hast du die Dinger dran?« Worauf Joe enthusiastisch erklärt: »Tom, du wirst es nicht glauben: Ich versuche einfach, mit dem Rauchen aufzuhören.«

Ein berühmter Rabbi aus dem alten Weißrussland verkündete, jeden Tag – mit Ausnahme des Sabbats – zu fasten. Bald wurde er aber in einem Restaurant beim Essen gesehen und auf seinen Vorsatz zum Fasten angesprochen. »Das versteht ihr nicht«, erklärte der Rabbi. »Manchmal esse ich nur zum Schein, damit niemand sieht, dass ich faste!«

ÜBUNG

Wahrheit und Fiktion

Laden Sie Gleichgesinnte ein, mit Ihnen eine »Münchhauseniade« zu veranstalten. Jeder soll etwas über sich selbst erzählen. Die einfachste Möglichkeit ist, dass drei kurze Episoden aus dem eigenen Leben referiert werden. Zwei Episoden entsprechen der Realität, eine ist frei erfunden.

Eine weitere Möglichkeit ist, Wahrheit und Fiktion in der gleichen Geschichte zu vermischen. Je bedenkenloser dabei konfabuliert wird, desto lustiger ist im Allgemeinen die Wirkung. Doch der Bezug zur Realität darf nicht ganz verloren gehen, da sich humorvolle Effekte gerade im Spannungsverhältnis unterschiedlicher Bezugssysteme (»Bisoziation«) ergeben. Ein Beispiel:

»Ich bin die Anna. Von Beruf bin ich Helferin – bei einem Tierarzt. Er hat sich auf die Behandlung von Reptilien, vor allem von Lurchen, spezialisiert. Besonders angenehm ist die Arbeit mit Feuersalamandern, weil die überhaupt nicht zur Hypochondrie neigen. Ich bin verheiratet und habe zwei Kinder. Mein Mann arbeitet als Zwerg im Zirkus, meine Kinder gehen noch zur Schule. Sie sind sehr sportlich und in Sportvereinen aktiv. Wir besitzen ein schönes Eigenheim mit einem kleinen Garten. Dort steht ein Mammutbaum, der ungefähr 80 Meter hoch ist. Meine Hobbys sind Tennis spielen und Zwerge werfen.«

Wer sich dumm stellt, ist besonders schlau

Eine verbreitete E-Strategie will uns weismachen, dass wir unseren Gesprächspartnern unter allen Umständen demonstrieren müssten, wie kompetent wir sind. Das heißt, wir sollten uns zum Beispiel bemühen, als

- gebildet,
- informiert,
- belesen,
- witzig

zu erscheinen.

Dass dieses Bemühen nicht unbedingt zu einer entspannten Haltung führt, liegt auf der Hand. Wie wäre es daher, wenn wir uns gelegentlich gezielt von solchen *Kompetenz-*

zwängen lösen? Konkret bedeutet das, sich einem anspruchsvollen Gesprächspartner als

- ungebildet,
- nicht informiert,
- nicht belesen,
- begriffsstutzig

zu präsentieren.

Diese Strategie verwenden geübte Spaßmacher, die sich absichtlich dümmer stellen, um dadurch eine gelöste Atmosphäre zu kreieren. Auch George Bernard Shaw ging nach diesem Prinzip vor. Einmal wurde er von einem reichen Amerikaner besucht, der ihm selbstgefällig von seinen geschäftlichen Erfolgen erzählte. Er schloss seinen Bericht mit den Worten: »Wie Sie nun gehört haben, bin ich ein Selfmademan!« Ungerührt entgegnete Shaw: »Dann haben Sie also Ihren Eltern die Mühe erspart?«

»Wie kommt es, dass Sie von nichts eine Ahnung haben?« – »Keine Ahnung!«

Unschlagbar ist in diesem Zusammenhang Frank Farrelly, der Begründer der Provokativen Therapie. So erklärte er bei der Eröffnung eines wissenschaftlichen Kongresses:

»Ich bin ganz fest auf der Seite der Engel. Und ich dachte, ich könnte sagen, ich wüsste im Allgemeinen, was Provokative Therapie sei. Und ich denke, in gewisser Weise weiß ich immer weniger und weniger, was das ist. Nun, das liegt wohl weniger daran, dass sie so kompliziert ist, sondern vielleicht eher daran, dass ich immer mehr und mehr zu einem Dummkopf werde!«[48]

Hier lebt Farrelly das Prinzip humoristischer Reduktion ganz unbefangen aus. Wer so mit scheinbaren Schwächen kokettiert, kann vieles erreichen. Insbesondere

- wird der Gesprächspartner verblüfft und zu einer »Aha-Reaktion« angeregt,
- werden die Richtung, das Tempo und die Stimmung des Gespräches verändert,
- werden Statusansprüche schlagartig relativiert und
- Spannungen reduziert.

So rufen entsprechende Formulierungen, die zum Beispiel in Streitgespräche einfließen können, vielfach erst Verblüffung und dann Heiterkeit hervor, zum Beispiel:

- »Jetzt muss ich aber ganz dumm fragen: Wie kommen Sie darauf, dass ...«
- »Ich bin nur ein einfacher Mensch und habe nicht verstanden, wieso ...«
- »Können Sie mir das mit ganz einfachen Worten erklären, mein IQ ist nur zweistellig!«
- »Bitte seien Sie mir nicht böse, wenn ich Sie bitte, Ihre Frage noch einmal mit einfachen Worten zu formulieren. Sie wissen schon: PISA!«

Wenn wir uns bewusst und gelassen *zurücknehmen* (reduzieren), sollten wir gerade bei den Verhaltensmustern beginnen, die zuweilen wie ein enges Korsett drücken. Wir sollten dies aber bedachtsam und gezielt tun, um nicht von einem Extrem ins andere zu fallen.

Bedenken Sie bitte: Wenn Sie sich bewusst dumm stellen, kann dies von Ihrem Gesprächspartner gerade dann als Provokation erlebt werden, wenn Ihre Mimik neutral bleibt! Vergessen Sie also nicht zu lächeln und dem anderen augenzwinkernd zu signalisieren, dass Sie gerade dabei sind, lediglich den vermeintlichen Ernst des Lebens auf die Schippe zu nehmen ...

Der Dichter-Arzt Gottfried Benn war befreundet mit Else Lasker-Schüler. Eines Tages bekannte er: »Ich möchte einmal etwas ganz Großes, etwas ganz Reines vollbringen!« Darauf die Schriftstellerin: »Dann waschen Sie doch einen Elefanten!«[49]

Matthias Pöhm schreibt: »Sie können spontan witzige Bemerkungen machen, indem Sie den Doofen spielen, der nie etwas kapiert, und wenn, dann viel zu spät. Sie nehmen schauspielerisch die Rolle eines Minderbemittelten ein.«[50]

Karl Valentin beherrschte dies meisterhaft. Als ihm jemand aus dem Zuschauerraum einmal erregt zurief: »Sind Sie denn von Sinnen?«, gab er ihm zur Antwort: »Nein, ich bin von hier.«

Wir können dies als die *»Wenn-schon-denn-schon-Technik«* bezeichnen. Diese folgt dem Motto: Wenn mich jemand als blöd hinstellen will, dann liefere ich ihm auch einen wirklich guten Grund, zum Beispiel: »Verstehen Sie den Text in diesem Fachbuch tatsächlich?« – »Nein, ich schaue mir nur die Bilder an.«

Auch der jüdische Humor bedient sich ausgiebig der Strategie des Dummschlauen. So kam der russische General Graf Ignatsiew einmal in die ostpolnische Stadt Chelm auf Visite. Unter den Honoratioren, die ihn im Rathaus begrüßten, befand sich auch ein Rabbiner. Der General stellte ihm eine Frage: »Sagt mir nur, Herr Rabbiner, sind vielleicht hier bei euch in Chelm große Männer geboren worden?« – »Nein hochgnädiger Herr«, antwortete bescheiden der Rabbiner. »Seit ich denke, wurden hier nur kleine Kinder geboren.«[51]

Konrad Adenauer agierte nicht selten ebenfalls in diesem Sinne. Wenn es ihm genehm war, ignorierte er die Wortmeldungen seiner Kabinettsmitglieder. Als er wieder einmal mehrere Wortmeldungen eines Ministers übersehen hatte, sagte er am Ende der Sitzung zu ihm: »Wenn Se mal wieder austreten müssen, brauchen Sie sich doch nit zu melden.«

Im Erdkundeunterricht. »Moritz, wie heißen die Einwohner von Mailand?« – »Woher soll ich die alle kennen? Das sind doch gut über zwei Millionen!«

»Stottern Sie eigentlich immer so«, fragt der Logopäde. – »Gott sei Dank nur, wenn ich spreche!«

Urologe: »Brennt's beim Wasserlassen?« – Patient: »Angezündet hab ich's noch nicht!«

Ungeregelt in die Kreativität

Die *Logik* ist eine Wissenschaft, die mit unverständlichen Worten das verständlich machen will, was selbstverständlich ist, meint der Witzforscher Lutz Röhrich.[52] E-Strategien folgen der Logik. Dies erleichtert die Orientierung im normalen sozialen Leben, schränkt aber gleichzeitig kreative Möglichkeiten ein. Das, was das Auge sieht, darf nicht (mehr) subjektiv ausgestaltet und phantasievoll interpretiert werden. Vielmehr wird das Wahrgenommene durch die Logik gefiltert.

Dies führt dazu, dass nur noch auf das geschaut wird, was im Hinblick auf die »prädikative« Beurteilung eines Gegenstands relevant, also wesentlich ist.

Als Beispiel können wir einen Tisch nehmen, dessen relevantes Merkmal (»Prädikat«) *geeignet zum Essen* oder *Schreiben* ist. Wenn jemand einen Tisch zum Schneeräumen benutzt oder sich diesen als Regenschutz über den Kopf hält, werden private beziehungsweise unkonventionelle Relevanzkriterien verwendet. Vom Standpunkt der Vernunft handelt dieser Mensch widersinnig (»befremdlich«, »exzentrisch«, »lächerlich«, »komisch«, »verrückt« – eben »unnormal«). Trotzdem kann dieses Handeln, das den normalen Bezugsrahmen sprengt, kreative und humorvolle Wirkungen hervorbringen.

Die Logik der E-Strategien wird von den meisten Menschen als Königsweg der Wahrheit empfunden. Entsprechend wird der logisch denkende Mensch im sozialen Leben geachtet und bewundert – obwohl seine Kreativität und sein Humor durch diese Logik einschränkt sind! Das wollen wir an einem bekannten Beispiel erläutern.

Wenn wir über den Menschen Sokrates eine Aussage treffen, dürfen wir dies nur im Hinblick auf Eigenschaften tun, die durch die Vermittlung eines relevanten Merkmalsträgers (»Objekt«) sinnvoll miteinander verbunden sind. So kann eine formallogisch richtige Verbindung (»Relation«) entstehen, die einen entsprechenden *Identitätsschluss* ermöglicht.

»Alle *Menschen* sind sterblich.« (Prädikat)
»Sokrates ist ein *Mensch*.« (Vermittelnder Merkmalsträger)
»Folglich ist Sokrates sterblich.«

Die Wahrheit dieser Aussage ergibt sich daraus, dass das Prädikat *sterblich* den Gesamtzusammenhang (= Identitätsschluss) zwischen dem einzelnen Merkmalsträger (= Sokrates) und einer allgemeinen Kategorie von Merkmalsträgern (= alle Menschen) herstellt. Mit anderen Worten: Der Identitätsschluss ergibt sich aufgrund identischer Objekte. Wird diese Bedingung nicht erfüllt, weil ein Prädikat verwendet wird, das im Hinblick auf den Gesamtzusammenhang nicht relevant ist, ergibt sich formallogisch ein Denkfehler. Das zeigt das folgende Beispiel:

»Nichts ist *besser* als das Himmelreich.
Ein warmes Bier ist *besser* als nichts.
Folglich ist ein warmes Bier *besser* als das Himmelreich!«[53]

Diese Art von Identitätsfindung ist *reduktiv*. Sie greift Prädikate (= Eigenschaften, Funktionen, Qualitäten) von Objekten (= Merkmalsträger) auf, die im Sinne der Relationslogik keine relevanten Aussagen erlauben.

Kleine Kinder beherrschen dies meisterhaft. So bezeichnete ein vierjähriges Mädchen Kühe als »Milchbars«. Die Logik, die dahinter steckt: Kühe geben *Milch*. Milchbars geben *Milch*. Also sind Kühe Milchbars.

Der Psychiater Emil von Domarus berichtet von einem eineinhalbjährigen Knaben, der alles mit »tita« bezeichnete, was seine Aufmerksamkeit erregte: eine Uhr, alles »Schöne«, rote Blumen, Beeren usw. Tita ist eine Wortneuschöpfung, die all das bezeichnet, was in angenehmer Weise (= relevantes Prädikat) die Aufmerksamkeit dieses Kindes erregte. Das gleiche Kind bezeichnete einige Monate später mit dem Wort »papap« alles, was mit Essen zusammenhing (Flasche, Essen, Topf, Teller, Mundtuch, essende Menschen usw.), mit »papi-pitabi« alles, was einen Aufdruck hatte (Papier, Bilderbuch, Geldschein, Meilensteine, Birkenrinde, Straßenschilder usw.), sowie mit »ei« alles Weiche (sein Plüschhäschen, Pelz, Muff, Federn usw.). Von Darwins Enkelsohn wird berichtet, dass dieser mit »quak« eine Ente, dann alle anderen Vögel und Insekten bezeichnete, indem er sich von der gemeinsamen Tätigkeit des Fliegens (= relevantes Prädikat) leiten ließ.[54]

Die Relevanzkriterien dieser scheinbar widersinnigen Identitätsschlüsse leiten sich von der subjektiven Bedürfnislage des Kindes ab. Sie folgen daher einer *K-Strategie* und sind das Produkt einer Logik, die kaum Rücksicht auf verbindliche Regeln nimmt. Diese Logik ist auch die Voraussetzung für die Entstehung von gewissen Witzen:

»Warum haben Fische Schuppen?« – »Wo sollten sie denn sonst ihre Fahrräder unterstellen?«

Der Kassler Mathematikprofessor Friedrich Wille hielt eine Anfänger-Vorlesung und begann mit Logik. Zunächst erklärte er, was man unter einer »Aussage« versteht: »Eine Aussage ist ein Text, dessen Inhalt entweder wahr oder falsch ist.« Als Beispiel nannte er den Satz: »Karl ist krank.« In diesem Augenblick fiel dem Professor siedend heiß ein, dass er unbedingt einen lebenden Menschen namens »Karl« brauchte, auf den sich der Satz bezog, denn andernfalls konnte man den Satz weder als wahr noch als falsch bezeichnen und er wäre gar keine Aussage! Wille fragte also in den Saal: »Ist jemand unter Ihnen, der Karl heißt?« Sekundenlange Stille. Dann eine Stimme aus dem Hintergrund: »Der ist krank!«

»Hat es bei euch in den Ferien oft geregnet?« – »Nein, nur zweimal. Zuerst zwei Tage und dann drei Wochen.«

Moritz kommt eine Stunde zu spät in die Schule. Der Lehrer fragt verärgert nach dem Grund. »Ja«, sagt Moritz, »heute ist draußen ein wahnsinniges Glatteis, ich konnte überhaupt nicht vorwärts kommen. Wenn ich einen Schritt nach vorn ging, bin ich immer gleich zwei Schritte zurückgerutscht!« – »Aber Moritz«, entgegnet der Lehrer, »wie bist du dann überhaupt hierher gekommen?« – »Ganz einfach: Ich habe mich umgedreht und bin nach Hause gegangen!«

Ein weiteres Kennzeichen kindlicher (Un-)Logik ist die Vorliebe für ein *konkretes Denken*, das anschauliche, gegenständliche Zusammenhänge herstellt, die sich auf das unmittelbar Greifbare beziehen. Die Logik der Erwachsenen ist demgegenüber abstrakt, also vom unmittelbar gegebenen Gegenstand losgelöst, so dass allgemeine Zusammenhänge beziehungsweise Begriffe hergestellt werden können. Der Münchner Pädagoge Wolfgang Krämer stellte einige vergnügliche Beispiele zusammen:[55]

- Ein dreijähriger Junge fragte seinen Vater: »Was tut der Wind, wenn er nicht weht?«
- Ein vierjähriges Mädchen fragte die Mutter, weshalb der Vater kein Haar auf dem Kopf habe. Die Mutter meinte, weil dieser so gescheit sei und viel nachdenke. Worauf das Kind meinte: »Warum hast du denn so viele Haare?«
- Ein vierjähriger Junge saß vor der Haustür auf den kalten Steinstufen und spielte. Die Mutter kam hinzu und ermahnte ihn sofort aufzustehen, da er sich sonst erkälten

würde. Die Antwort des Jungen: »Aber ich sitz doch nur auf dem Po und nicht auf dem Mund!«

- Die zweijährige Trude fragte ihre Mutter: »Muss man die Kuh auf den Ofen stellen, wenn man warme Milch haben will?«
- Ein Fünfjähriger sah zum ersten Mal ein Ballett und wunderte sich, dass die Tänzerinnen die ganze Zeit auf ihren Zehenspitzen tanzten. »Mami«, flüsterte er, »weshalb nehmen sie denn nicht einfach größere Frauen?«
- Als ein nicht ganz dreijähriger Junge zum ersten Mal an die See kam und einen Dampfer sah, rief er: »Schau, Mutti, da badet eine Lokomotive!«
- Ännchen musste sich übergeben. Ihre kleine Schwester rannte zur Mutter und rief aufgeregt: »Mama, komm schnell, Ännchen kocht über!«

Gewusst wie!

ÜBUNG

Widersinnige Thesen vertreten

Jeder Teilnehmer des Gesprächskreises vertritt eine beliebige These, zum Beispiel: »Frauen gehören an den Kochtopf.« Nun soll in völlig überzogener Weise versucht werden, diese These zu erhärten. Ein Beispiel:

»Frauen gehören an den Kopftopf, weil es nichts Schöneres auf der Welt gibt, als Männer zu mästen. Da der Sexualtrieb bei Frauen vollkommen unterentwickelt ist, müssen sie versuchen, die Gelüste ihrer Partner zu dämpfen. Das gelingt am besten, wenn sie diese so mästen, dass der Inhalt ihrer Gedärme auf die Milz drückt. Dadurch wird die Blutzufuhr in die Gonaden abgeschnürt. Die Produktion der Sexualhormone wird folglich praktisch eingestellt. Das führt zu zwei positiven Effekten: Einerseits bleibt der Frau der traumatische Geschlechtsverkehr erspart, andererseits kann der Mann – von seinem Geschlechtstrieb befreit – sublimieren, das heißt, sich auf rein intellektuelle Aktivitäten einstellen. Und da der bekannte Physiologe Möbius nachgewiesen hat, dass Männer Frauen intellektuell haushoch überlegen sind, können die sublimierenden Männer nun darangehen, ihre geistige Energie abzulassen – zum Vorteil der Frauen, die dadurch geistig befruchtet werden ...«

Der Reisende stürzt auf den Bahnhof, sieht aber nur noch die Schlusslichter des abfahrenden Zuges. Teilnahmsvoll erkundigt sich der Bahnhofsvorsteher: »Haben Sie den Zug versäumt?« – »Sieht eher so aus, dass ich ihn verscheucht habe!«

Ein Gast bestellt beim Kellner Apfelkuchen. Dann überlegt er es sich, schickt den Apfelkuchen zurück und bestellt stattdessen ein Glas Kognak, trinkt ihn aus, steht auf und will gehen. Der Kellner: »He, Sie haben den Kognak nicht bezahlt!« Der Gast erwidert: »Ich habe Ihnen doch dafür den Apfelkuchen zurückgegeben.« Der Kellner: »Den haben Sie aber auch nicht bezahlt!« Worauf der Gast verwundert fragt: »Na und? Hab ich ihn denn gegessen?«[56]

Widersinn macht Sinn!

Das *Paradoxe* ist ein Phänomen der Grenzüberschreitung.[57] Es besagt, dass etwas Unerwartetes, Konträres oder Widersinniges zur üblichen Anschauung geschieht, indem es wahr zu sein scheint, sich aber als falsch herausstellt, oder falsch zu sein scheint, sich aber als wahr erweist, oder aber aus scheinbar zutreffenden Annahmen zu unzutreffenden Schlüssen führt.[58] Ein Paradox lässt sich somit als ein logischer Widerspruch definieren, der sich ergibt, wenn ein zusammenhangsloser Zusammenhang hergestellt wird. So kommt es zu verwirrenden Aussagen, die erst dann Sinn machen, wenn die Wirklichkeit aus einer *anderen Perspektive* »wahr«-genommen wird. Paradoxe Aussagen stoßen bei Vernunftmenschen häufig auf einen inneren Widerstand, obwohl sich kaum jemand dem Reiz einer widersinnigen Geschichte wie *Alice im Wunderland* völlig entziehen kann!

Paradoxe Aussagen, die nicht in einen formallogisch definierten Zusammenhang passen, sprengen den vertrauten normalen Bezugsrahmen. Sie rufen ein »komisches Gefühl« hervor, das aber nur dann als unangenehm erlebt wird, wenn die entsprechende Regelverletzung nicht beabsichtigt war. War diese beabsichtigt, ist die Voraussetzung für Humorentstehung erfüllt.

Diese paradoxen Aussagen stammen von Woody Allen:

- »Es stimmt, dass es ein Leben nach dem Tode gibt. Aber versuchen Sie erst einmal einen Klempner am Wochenende aufzutreiben!«
- »Es ist unmöglich, unvoreingenommen seinen eigenen Tod zu erleben und dabei ruhig weiterzusingen.«
- »Was wäre, wenn alles nur eine Illusion wäre und nichts existierte? In diesem Falle hätte ich für meinen Teppich definitiv zu viel gezahlt!«
- »Das ewige Nichts ist okay, wenn man entsprechend gekleidet ist.«
- »Ich habe keine Angst vor meinem eigenen Tod. Ich möchte einfach nicht da sein, wenn es passiert.«

Nasrudin Mullah wird diese widersinnige Aussage zugeschrieben: »Wenn ich dieses Leben überlebe, ohne zu sterben, sollte mich das überraschen.«[59]

Widersinnig ist auch dieses Zwiegespräch zwischen einem aufgeregten Fahrgast und einem Busfahrer: »Wie viel Uhr?« – »Donnerstag.« – »Mein Gott, da muss ich ja aussteigen!«

Eine paradoxe Wirkung erzielen auch Wortspiele, die sich auf die konkrete Bedeutung von Aussagen beziehen, die »eigentlich« nicht wörtlich genommen werden sollten – und umgekehrt. So wurde Mark Twain auf einer Gesellschaft von einem berühmten Pianisten gefragt, wie er denn zum Klavier stehe. »Ganz besonders gut«, gab Twain zur Antwort. »Ein Klavier hat mir einmal das Leben gerettet!«

»Wie denn das?

»Als ich noch ein kleiner Junge war, gab es in meiner Vaterstadt eine große Überschwemmung. Als das Wasser unsere Wohnung erreichte, die sich im ersten Stock befand, setzte sich mein Vater auf eine Kommode und schwamm auf ihr den Fluss hinunter, bis er gerettet wurde.«

»Und Sie?«, fragten die Umstehenden erwartungsvoll.

»Ich begleitete ihn auf dem Klavier.«[60]

Es gibt eine Menge bekannter Wortspiele, die ebenfalls diesem Prinzip folgen. Paradox wäre demnach, wenn ...

- ein Angeklagter sitzen muss, weil er gestanden hat,
- man sich für eine kalte Platte erwärmt,
- man zunehmend schlanker wird,
- ein Mathematiker mit einer Unbekannten nichts anfangen kann,
- ein Ober am Unterarm ein Überbein hat,
- der Kreisarzt um die Ecke geht,
- ein Stehkragen sitzen soll,
- jemand ein eingefleischter Vegetarier ist,
- ein Arzt kalte Umschläge warm empfiehlt,
- die Jugend das schönste Alter sein soll.

»Ich kann einfach machen, was ich will«, klagt Willi seinen Pokerfreunden. »Ich lasse den Wagen geräuschlos in die Garage rollen, gehe auf Strümpfen ins Wohnzimmer und ziehe mich leise aus, um dort zu übernachten. Trotzdem keift meine Frau jedes Mal los!«

Sein Kumpel: »Das mach ich ganz anders. Ich hupe wie ein Wilder, trete mit dem Fuß laut singend die Schlaf-

zimmertür auf und frage meine Frau: Na, Süße, wie wär's mit einem Quickie? – Sie tut dann immer so, als würde sie schlafen ...«

Ein Besucher deutet auf das Hufeisen über der Haustür und fragt den Hausherrn: »Glauben Sie etwa daran?« – »Nein«, entgegnet dieser, »aber ich bin überzeugt, dass es auch dann Glück bringt, wenn man nicht daran glaubt.«

ÜBUNG

Kontra-Assoziationen

Als *Assoziation* bezeichnete der britische Philosoph Thomas Hobbes die Verknüpfung von Vorstellungen und Begriffen, die in einem engeren Zusammenhang stehen. Zum Beispiel assoziieren wir »Baum« mit »Holz«, oder »Wiese« mit »Gras«. Ein weniger enger Zusammenhang wird hergestellt, wenn wir bestimmte »Welten« miteinander verknüpfen, zum Beispiel die Welt der Natur, die Welt der Technik, die Welt der Literatur, die Welt der Sexualität oder die Welt der Religion. Wird dieser Rahmen gesprengt beziehungsweise »ver-rückt«, ergibt sich ein unpassender, befremdlicher Effekt, der grundsätzlich komisch wirken kann. Das wäre der Fall, wenn mit »Wiese« (Welt der Natur) »Schraubenzieher« (Welt der Technik) assoziiert wird oder »Petersdom« mit »Unterhose«.

Sie können dies mit einem Partner üben. Dieser gibt bestimmte Begriffe vor, auf die Sie *»kontra-assoziieren«*. Um dies leichter zu machen, sollten diese Begriffe zunächst grundsätzlich aus der Welt der belebten Natur stammen: zum Beispiel »Wiese«, »Wald«, »Hirsch«, »Regenwurm«. Darauf assoziieren Sie Begriffe aus der unbelebten Welt der Technik, zum Beispiel »Kernspaltung«, »Dampfmaschine«, »Vorschlaghammer«, »Maschinenöl«. Grundsätzlich gilt, dass die *Humorreaktion* besonders schnell erfolgt, wenn diese Begriffe möglichst wenig miteinander gemeinsam haben.

Ein Filmschauspieler vertraute sich einem Kollegen an: »Ich bin jetzt 65, habe vier Millionen auf der Bank und bin nun in ein rassiges junges Mädchen von 19 verliebt. Meinst du, sie wird mich heiraten, wenn ich ihr sage, ich sei erst 50?« – »Du hast sicher mehr Erfolg bei ihr«, entgegnete ihm sein Kollege, »wenn du ihr sagst, du bist 80.«

Vom Sinn des Unsinns

»Gibt es etwas menschlich Befreienderes, als herzhaft zu lachen? Sind es nicht Unsinn und Unlogik, die einen eigenartigen Reiz auf uns ausüben? Auf uns, die wir gewöhnt sind, alles, was wir sehen und hören, in unser überaus logisches, rational bestimmtes Weltbild einzuordnen? Wo Vernunft regiert, da muss alles stimmen. Alles hat gefälligst schön ordentlich an seinem Platz zu sein. Und nun kommt da so ein unbekümmert blödelnder Spaßvogel daher und bringt Unordnung in unsere festgelegten Vorstellungen und gewohnten Denkweisen. Übermütig rüttelt er an den Mauern des Althergebrachten. Er verdreht und verwechselt munter Worte, Begriffe und Erscheinungen und mischt alles gerade so, wie es ihm in den Sinn kommt. Da wird der Schmetterling zum Schletterming oder Metterschling. Da steht mitten im Sommer ein lamettaschwerer Weihnachtsbaum hilflos am Strand zwischen Sonnenanbetern und Badenden. Da schreibt und adressiert einer Postkarten an sich selbst. Oder er steht bei strömendem Regen mit Schwimmflossen und Tauchermaske vor irgendeiner Haustür und fragt den verdutzt Öffnenden nach dem nächsten Leuchtturm.

Wie kommt es, dass wir – wenn wir nur ein Fünkchen Humor haben – darüber zumindest schmunzeln, wenn jemand etwas Unsinniges, etwas Verrücktes tut? Etwas, das kein vernünftiger Mensch tun würde. Etwas, das man logischerweise nicht erwartet.

Ja, im Grunde ist es gerade das Überraschungsmoment, statt etwas Erwartetem plötzlich etwas völlig Unerwartetes, Unpassendes vorzufinden, was unseren Sinn für das Komische anspricht und unser Zwerchfell kitzelt. Hier prallen zwei Welten aufeinander: eine fest gefügte, tradierte So-muss-es-sein-Welt und eine Welt der kecken Eulenspiegeleien ...«[61]

Nasrudin Mullah verlief sich in einer fremden Stadt. Er fragte Passanten nach dem Weg, doch niemand konnte ihm Antwort geben. So verging die Zeit und es wurde schließlich Abend. Da Nasrudin jetzt endlich eine zielführende Antwort haben wollte, fragte er einen weiteren Passanten: »Kannst du mir sagen, wo die andere Straßenseite ist?« Der Passant streckte den Zeigefinger aus und sagte: »Da drüben.« Nun wurde Nasrudin wütend: »Können die Leute dieser Stadt überhaupt nicht vernünftig denken? Gerade war ich dort drüben. Und da hat mir jemand gesagt, dass die andere Straßenseite hier ist!«

Ein Mann sprach Nasrudin Mullah an und fragte ihn, was für ein Wochentag sei. »Das kann ich dir leider nicht sagen«, antwortete Nasrudin. »Ich bin fremd in der Gegend. Ich weiß nicht, was man hier für Wochentage hat.«

Dada – die kreative Irrationalität

Vor rund 90 Jahren – in der Zeit furchtbarer Kriegsereignisse – fanden sich kreative Kunstschaffende zusammen, die das *Absurde* zu ihrem Betätigungsfeld machten. Sie waren die Begründer des Dadaismus. Richard Huelsenbeck definierte diese Stilrichtung als »Idee der *kreativen Irrationalität* des schöpferischen Spiels, die sich im Gelächter entkrampft«.[62] Am Ende des Ersten Weltkriegs schrieb Huelsenbeck:

So weit ist es nun tatsächlich mit dieser Welt gekommen
Auf den Telegraphenstangen sitzen die Kühe und spielen Schach
So melancholisch singt der Kakadu unter den Röcken der spanischen Tänzerin
Wie ein Stabstrompeter und die Kanonen jammern den ganzen Tag
Ich ziehe den anatomischen Atlas aus meiner Zehe
Ein ernsthaftes Studium beginnt ...
Ach ach ihr großen Teufel – ach ach ihr Imker und Platzkommandanten
Wille wau wau wau Wille wo wo wo wer weiß heute nicht
Was unser Vater Homer gedichtet hat ...

Diese unlogische beziehungsweise widersinnige Argumentation verwirrt und befremdet, sie ermöglicht aber auch neue Formen kreativen Denkens. Denn was Huelsenbeck bezweckt, ist nichts anderes als die *Dekonstruktion* logisch-vernünftigen Denkens. Dies kann so weit gehen, dass selbst die semantischen Regeln aufgehoben werden, was etwa Christian Morgenstern mit seinem »Gruselett«[63] bewies:

Der Flügelflagel gaustert
durchs Wiruwaruwolz,
die rote Fingur plaustert
und grausig gutzt der Golz.

In dieser Tradition steht auch Ernst Jandls *experimentelle Poesie*, wie sein Gedicht »lichtung«[64] zeigt:

manche meinen
lechts und rinks
kann man nicht velwechsern.
werch ein illtum!

René Schweizer ist ein moderner Vertreter des Dada (den er zuweilen auch als »Gaga« bezeichnet). Er schreibt:

»Alle reden vom Ernst des Lebens. Jedes Mal, wenn man eine Zeitung aufschlägt oder das Radio oder den Fernseher einstellt, prallt er einem entgegen. Er ist so sehr immer und überall da, dass kaum ein Mensch jemals auf den Gedanken kommt, sich darüber zu wundern. Wo aber steht geschrieben, dass eine Welt dem Prinzip der permanenten Seriosität und Ernsthaftigkeit zu gehorchen hat? Weshalb sollen wir die Stirn mit den Furchen der Nachdenklichkeit verunstalten? Weshalb alles so ungeheuer ernst nehmen?«[65]

Schweizer liefert dazu eine »gagaistische Kostprobe«:

»Fritz war wie ein Albatros, geräumig und verwegen. Seine Streichhölzer ließ er sich nach Maß machen, genauso seine Argumente. Er lebte schon seit vielen Jahren an den äußeren Abhängen des Vulkans Schlümperfakalidli auf der Insel Borrrm. Nachdem seine Eltern konfirmiert worden waren, konzentrierte er sich auf seine relative Raffiniertheit. Er schloss sich einem Club der Mailbox-Enthusiasten an, begann mit dem Bodenturnen und damit, Badehosendesigns zu entwerfen. Sein erster Kunde war ein Erpel. Fritz war erstaunt, aber er hatte sich mit der Quantenphysik beschäftigt und wusste, dass man die Welt nicht mehr eins zu eins nehmen konnte, seit Max Planck in das deterministische Weltbild eingegriffen hatte. Der gesunde Menschenverstand war Schnee von gestern. Schnee war Koks, Koks war ein Kohleprodukt und Kohle war Zaster. Zaster war Knete, Knete war Pulver und Pulver war zum Schießen da. Und jupeidiiundjupeidaa. Deshalb war er erstaunt, dass ein Erpel und nicht eine Kröte – denn Kohle gleich Kröten – sein erster Kunde war. Er hatte immer auf die ›andere Logik‹ gehofft, nämlich dass alles, auch das Absurdeste, seiner eigenen inneren Folgerichtigkeit gehorchte, die nur für ihren speziellen Bereich galt; wie bei Schrankkoffern und Endzeitphilosophen.

Als er begriff, dass er sich getäuscht hatte, verwandelte er sich in eine Kuh und ließ sich von Arbeitslosen den Gnadenschuss geben. Dann zog er sich zurück in die Theatertoilette und aß eine Mettwurst mit Schoschonensenf. Anschließend legte er sich schlafen und träumte von einer Existenz als Buchhalter eines Negerhäuptlings.«

Eine Variante von Dada ist *Fluxus*, eine Bewegung, die den Humor ausdrücklich in die Kunst »einfließen«[66] lassen will. Daraus entstanden unter anderem Scherzartikel, etwa ein »Bottle-Bottle-Opener«, ein Flaschenöffner in Form einer Flasche. Leere Gehäuse von Transistorenempfängern wurden zu »Radios für Taube« erklärt. Es wurden »Anti-Uhren« entworfen, deren Zifferblätter keine Stunden, dafür 180 Millimeter oder 360 Grad anzeigen – oder überhaupt nur mit konzentrischen Kreisen aufwarten. Der Fluxus-Künstler George Maciunas konstruierte ein Pseudo-Werkzeugköfferchen für Einbrecher (»Burglary Fluxkit«) sowie absurde Tennisschläger (»Convex Rackets«) und einen verstellbaren Lächelapparat (»Flux Smile Machine«).

Der Zirkusclown Jonny Kiphard (im Nebenberuf ist er Professor) beschreibt, wie sich der Spaß am Unsinn üben lässt:

ÜBUNG

Verändere dein Äußeres

»Als wir noch Kinder waren, liebten wir Verkleidungsspiele. Ist es nicht ein eigenartig prickelnder Reiz, in das Gewand eines anderen hineinzuschlüpfen? Es ist, als ob man in eine andere Haut schlüpft, sich in einen anderen Menschen verwandelt ...

Probieren Sie es doch einmal aus, wie die Leute reagieren, wenn Sie am helllichten Tag mit einem Cowboyhut oder einem Pickelhaubenhelm auf dem Kopf mit dem Bus zur Arbeit fahren. Haben Sie es einmal versucht, in einem Bademantel über Ihrem Anzug oder Kleid abends in ein vornehmes Restaurant zu gehen? Das müssen Sie einmal versuchen! Der Ober wird sich möglicherweise nichts anmerken lassen, Ihnen würdevoll aus dem Bademantel helfen und ihn dezent auf einen Bügel hängen. Aber alle anderen Gäste werden reagieren, belustigt oder empört – je nachdem ...

Nun gut, Sie haben keinen Mut dazu, sich in der Öffentlichkeit zu produzieren und sich dabei womöglich dem Spott der anderen preiszugeben. Das ist auch nicht nötig. Machen Sie's daheim im stillen Kämmerlein. Da können Sie vor dem Spiegel Grimassen schneiden, bis Ihnen sämtliche Gesichtszüge entgleisen. Keine Angst, sie entgleisen Ihnen nicht wirklich und auch ›das Gesicht bleibt nicht stehen‹, wie man uns als Kind glauben machen wollte. Es handelt sich hier ganz im Gegenteil um eine ausgezeichnete kosmetische Übung!

Und nun verändern Sie Ihr Aussehen: Kämmen Sie Ihr Haar einmal völlig anders, machen Sie's klitschnass. Setzen Sie sich mal verschiedene Brillen auf die Nase und verschiedene Hüte auf den Kopf. Kleben Sie sich ein Bärtchen an oder setzen Sie sich eine Perücke auf. Dazu noch einen passenden Hintergrund: Stellen Sie sich mit Taucherbrille und Harpune vor ein Aquarium oder mimen Sie vor Ihrer Hausbar einen total benebelten Zeitgenossen.

Glauben Sie uns: Die Ideen kommen beim Probieren!«[67]

»Herr Doktor, können Sie mir wohl ein Wurmmittel aufschreiben?« – »Für einen Erwachsenen?« – »Keine Ahnung, wie alt der Wurm ist!«

Nasrudin Mullah hat seinen Hausschlüssel verloren. Er sucht intensiv danach. Ein Bekannter kommt zufällig des Weges und beobachtet ihn schweigend. Schließlich fragt er: »Mullah, wonach suchst du denn?« – »Nach meinem Hausschlüssel.« – »Bist du denn sicher, dass du ihn hier verloren hast?« – »Nein.« – »Könnte es sein, dass du ihn in deinem Haus verlegt hast?« – »Ja.« – »Warum suchst du dann hier?« – »Weil es hier heller ist!«

Auch Computer können zuweilen dadaistische Fähigkeiten entwickeln! Das wird im Buch *Vor Gebrauch kräftig schütteln* überzeugend beschrieben. Man ließ deutsche Texte von einem Computer zuerst ins Englische übersetzen. Danach musste der Computer das Ergebnis wieder ins Deutsche rückübersetzen. Dazu eine Kostprobe:[68]

Originaltext

Aus den Ratschlägen für einen schlechten Redner:

Sprich nicht frei – das macht einen zu unruhigen Eindruck. Am besten ist es: Du liest deine Rede ab. Das ist sicher, zuverlässig, auch freut es jedermann, wenn der lesende Redner nach jedem Viertelsatz misstrauisch hochblickt, ob auch noch alle da sind. (Kurt Tucholsky)

Ergebnis der doppelten Übersetzung

Stücke des Beratens für einen falschen Lautsprecher:

Entladen Sie nicht – die Markierungen als gestoßenen Eindruck. Es ist das Beste: Sie lesen zusätzlich zu Ihrer Rede. Sie ist sicher, zuverlässig, auch es bildet, jedes glücklich, wenn der Lautsprecher des Messwertes auf hoch schaut, nachdem jedes Aufnahmeviertel mit Misstrauen so auch noch alles dort ist.

Auf einer psychiatrischen Station spielen zwei Patienten »Mensch ärgere dich nicht«. Plötzlich schreit der eine begeistert: »Schachmatt!« Worauf der andere kontert: »Du Blödmann, seit wann gibt es beim Halma denn Elfmeter?«

Ein Mann fragt einen anderen: »Entschuldigung, ist das da oben der Mond?« Darauf der andere: »Keine Ahnung, ich bin von auswärts!«

Verrücktheiten in der Psychotherapie

Albert Ellis hat die moderne Psychotherapie stark beeinflusst. Er war ein sehr ungewöhnlicher Psychotherapeut, der so gar nicht der Vorstellung von einem »seriösen Psychoanalytiker« entsprach. Eine Erklärung dürfte darin liegen, dass Ellis seine Lehranalyse bei Richard Huelsenbeck absolvierte, dem Mitbegründer der Dada-Bewegung. In der Folgezeit entwickelte Ellis seine berühmte Methode der »Schamüberwindung«, die sich bei der Behandlung sozialer Ängste besonders bewährt hat. So schlägt Ellis seinen Patienten zum Beispiel vor:[69]

- »Sagen Sie vor einer Gruppe von Leuten etwas Dummes!«
- »Geben Sie eine Schwäche zu, die die meisten Menschen normalerweise verachten, zum Beispiel ›Ich kann nicht buchstabieren‹.«
- »Verhalten Sie sich komisch, indem Sie auf der Straße singen oder an einem sonnigen Tag einen schwarzen Regenschirm aufspannen.«
- »Versuchen Sie, eine Uhr bei einem Schuster reparieren zu lassen.«
- »Fragen Sie in einem Geschäft nach einem Schraubenzieher für Linkshänder.«
- »Sagen Sie etwas, das außerordentlich lüstern klingt. Beispielsweise sagen Sie einem männlichen oder weiblichen Begleiter mit lauter Stimme, damit es andere hören können: ›War es nicht toll, dass wir letzte Nacht fünfmal miteinander geschlafen haben?‹«
- »Bringen Sie schlecht zubereitetes Essen in die Küche des Restaurants zurück.«
- »Gehen Sie in eine Metzgerei und verlangen Sie Äpfel, Birnen, Bananen, Ananas oder Kiwis.«
- »Bringen Sie Ihre Schuhe zu Ihrem Friseur zum Sohlen.«

Der weltberühmte Hypnotherapeut Milton H. Erickson war ebenfalls ein Freund absurden Humors. Er bestätigte jedem, dass das Leben hart und entbehrungsreich ist. Aber muss eine Psychotherapie auch so sein? Deshalb ironisierte Erickson das Überbietungsdenken seiner Schüler und Klienten bei jeder Gelegenheit. Er fragte zum Beispiel mit einem salbungsvollen Unterton: »Soll ich Ihnen das Geheimnis eines langen Lebens offenbaren?« Natürlich war jeder begierig, dies zu erfahren. Erickson erklärte: »Sie müssen jeden Morgen aufwachen.« Dann fuhr er fort: »Möchten Sie auch wissen, wie das geht?« Und wieder war jeder neugierig, dies zu hören. Erickson gab zur Antwort: »Trinken Sie viel Wasser, bevor Sie zu Bett gehen.«[70]

Einmal geriet Erickson auf einem Spaziergang in einen abgelegenen Stadtteil. Plötzlich sprang ein gefährlich aussehender Mann aus einer Toreinfahrt hervor und baute sich bedrohlich vor Erickson auf. Dieser schaute auf seine Uhr und erklärte ungerührt: »Es ist genau 10 Uhr.« In Wirklichkeit war es 16 Uhr. Erickson ging dann weiter und als er sich nach etwa 100 Metern umsah, stand der Mann immer noch regungslos an derselben Stelle.[71]

Ein Mann konsultierte wegen schwerer Schlaflosigkeit einen Nervenarzt. Er berichtete diesem: »Ich habe schon seit einer Ewigkeit nicht mehr geschlafen. Wenn das so weitergeht, drehe ich durch! Ich bin Fernfahrer. Und jede Nacht träume ich, dass das Telefon klingelt und mein Chef mir sagt, dass ich nach Hamburg fahren soll. Ich fahre nach Hamburg und ich fahre zurück. Und wenn ich morgens aufstehen muss, bin ich todmüde!« Der Nervenarzt gab dem Mann diesen Ratschlag: »Wenn

Sie diesen Traum wieder haben, rufen Sie mich an. Ich fahre mit Ihnen nach Hamburg. Dort löse ich Sie ab. So können Sie auf dem Rückweg schlafen. Kommen Sie in einem Monat wieder und berichten Sie mir, wie es Ihnen ergangen ist.«

Am gleichen Tag kam ein anderer Mann, der ein ähnliches Problem hatte. Er klagte: »Doktor, ich kann nicht mehr! Jede Nacht träume ich, dass ich mit sechs Frauen schlafen muss. Und sobald ich mit der letzten fertig bin, klingelt der Wecker. Ich bin dann so erschöpft, dass ich mich kaum auf den Beinen halten kann!«

»Ich mache Ihnen einen Vorschlag«, sagte der Nervenarzt. »Wenn Sie wieder diesen Traum haben, rufen Sie mich an. Ich komme zu Ihnen nach Hause und nehme Ihnen drei Frauen ab. Auf diese Weise finden Sie etwas Schlaf. Kommen Sie in einem Monat wieder, um mir zu berichten.«

Nach genau einem Monat kam der erste Mann und berichtete dem Nervenarzt erfreut: »Herr Doktor, Ihr Tipp hat mich gerettet! Jedes Mal, wenn ich diesen Traum hatte, rief ich Sie an. Sie kamen, fuhren mit mir nach Hamburg und übernahmen dort das Steuer. Vielen Dank, das war mir eine große Hilfe!«

Bald erschien der zweite Mann. Er schleppte sich durch die Tür, sah den Nervenarzt aus hohlen Augen an und sagte mit zitternder Stimme: »Es war ein fürchterlicher Monat!«

»Haben Sie nicht das getan, was ich Ihnen geraten habe?«, fragte der Nervenarzt.

»Doch«, entgegnete ihm der Mann. »Jedes Mal, wenn ich diesen Traum hatte, rief ich Sie an. Und jedes Mal war der Anrufbeantworter eingeschaltet und sagte, dass Sie unterwegs nach Hamburg sind.«

Fernöstlicher Widersinn

Wer in Ostasien Erleuchtung, also Befreiung von den Sorgen des Alltags finden will, begibt sich nicht unbedingt zum Psychotherapeuten. Seit vielen Jahrhunderten gibt es in China und Japan eine philosophische Tradition, die den Widersinn als den eigentlichen Weg (chinesisch: Tao) zur Erleuchtung versteht. Ein Grundsatz dieser Philosophie ist, dass die logischen Gesetze der Vernunft nicht alles sind – ja, dass sie sogar unwahr sein können, wenn es um eine affektive Selbstfindung geht. In diesem Sinne ist die folgende Aussage zu verstehen: »Als Gegenteil ist oft das Wort erst wahr.«

Die taoistische Tradition beeinflusste den japanischen *Zen-Buddhismus*, der auch viele Europäer und Amerikaner faszinierte. Der Schriftsteller Janwillem van de Wetering besuchte ein japanisches Zen-Kloster, um dort »endgültige Antworten« zu bekommen. Dieser Wunsch wurde ihm erfüllt, doch auf eine recht unkonventionelle Weise. Sein Meister erklärte: »Das Leben hat einen Sinn, aber einen fremden. Wenn du an das Ende des Weges kommst und vollkommene Einsicht findest, wirst du sehen, dass Erleuchtung ein Witz ist.«[72]

Würde der Zen-Schüler im Bezugssystem der E-Strategien verharren, käme er angesichts solcher Verrücktheiten nicht weiter. Deshalb muss er andere Lösungen finden. So stellte sich ein Zen-Meister mit einem Bambusstock vor seinen Schüler und erklärte: »Wenn du mir sagst, ich habe einen Stock, werde ich dich schlagen. Wenn du mir sagst, ich habe keinen Stock, werde ich dich schlagen. Wenn du schweigst, werde ich dich schlagen.« Was tat der erleuchtete Schüler? Er nahm den Stock des Meisters, brach ihn entzwei und warf die Stücke zu Boden.[73]

Natürlich kann der Meister auch vernünftige Aussagen machen, um unvermittelt das Thema zu wechseln und zum Beispiel zu sagen: »Wie meine Hände denen Buddhas ähneln! Und wie meine Beine denen des Esels ähneln!«

Ein Mönch fragte den Meister Tung Shan: »Was ist der Buddha?« Tung Shan antwortete: »Drei Pfund Flachs!«[74]

Ein anderer Mönch fragte den Meister das Gleiche. Dieser gab zur Antwort: »Ein ausgetrockneter Fußabstreifer!«

Solche widersinnigen Antworten sollen dem Sinn suchenden Schüler einen anderen Weg des Denkens aufzeigen – den Weg des *nicht-denkenden Denkens,*[75] der an die affektive Lebendigkeit heranführt. Der berühmte chinesische Zen-Meister Jôshû sagte: »Wer zu denken beginnt, ›hat‹ oder ›hat nicht‹ – hat das Leben verloren.«[76] Das nicht-denkende Denken eröffnet den Zugang zu einem Bezugssystem, das nicht der Logik folgt. Dies veranschaulicht auch dieses Zen-Gedicht:

Wenn ich denke,
dass ich nicht mehr an dich denke,
denke ich immer noch an dich.
So will ich versuchen,
nicht zu denken,
dass ich nicht mehr an dich denke.[77]

Der berühmte Zen-Meister Chao-Chou forderte seinen Schüler Wen-Yuan zu einem Wettkampf auf. Es ging darum, sich mit dem wertlosesten Ding auf Erden zu identifizieren. Chao-Chou begann: »Ich bin ein Gesäß.« Wen-Yuan erwiderte: »Ich bin die linke Hinterbacke deines Gesäßes.« Chao-Chou fuhr fort: »Ich bin der

Stuhl dieses Gesäßes.« Worauf sein Schüler entgegnete: »Ich bin die Schmeißfliege auf diesem Stuhl.« Der Meister dachte eine Weile nach. Dann fragte er: »Und was machst du dort?« Wen-Yuan gab zur Antwort: »Ich verbringe dort meine Sommerferien.«[78]

Anleitung zur unvollkommenen Perfektion

- Verlassen Sie sich einzig und allein auf Ihren Verstand. Dieser garantiert Ihnen den analytischen Durchblick!
- Gehen Sie jedes Problem ausschließlich rational und ganz vorsichtig an. Misstrauen Sie Ihren Affekten, dann haben Sie eine reelle Chance, die Risiken des Lebens fest in den Griff zu bekommen.
- Richten Sie Ihre Aufmerksamkeit gezielt auf die unverzeihlichen Fehler, die sich in Ihr Alltagsleben einschleichen können: peinliche Versprecher in einer Vorstellungsrunde, plumpes Verhalten bei Einladungen, Erzählen von anstößigen Witzen im Kreise von kultivierten Menschen, eine unpassende Ausdrucksweise empfindsamen Vorgesetzten gegenüber usw.
- Kontrollieren Sie sich ständig, wie Sie sprechen, was Sie sagen und welche Körperhaltung Sie dabei einnehmen. So können Sie vermeiden, dass die anderen Sie allzu lächerlich finden.
- Denken Sie konsequent darüber nach, wie Sie Ihr angepasstes Verhalten noch weiter perfektionieren können.
- Vergessen Sie nie: Nur der Erfolg zählt. Nehmen Sie sich ein Beispiel an erfolgreichen Olympioniken: Sie tun alles, um zu siegen und ganz oben zu stehen.

- Kämpfen Sie immer bis zum bitteren Ende! Und das bringt Sie ans Ziel: eine permanente Anstrengung, der eiserne Wille, unter allen Umständen der/die Beste zu sein, sowie die Bereitschaft, Rivalen jederzeit zu entwerten und zu verleumden.
- Legen Sie sich keinesfalls auf die faule Haut! Holen Sie das Letzte aus sich heraus: Schließlich verfügen Sie über genügend Ressourcen, die nur darauf warten, abgebaut zu werden!
- Steigern Sie Ihre mentale Leistungsfähigkeit, denn Sie wissen: Wer rastet, der rostet! Besuchen Sie daher lehrreiche Vorträge und wissenstriefende Seminare! Lesen Sie nur zweckdienliche Fachbücher und vergeuden Sie Ihre kostbare Zeit nicht mit Belletristik oder einem Krimi.
- Vermeiden Sie konsequent nutzlose Zerstreuung in Kinos, Tanzsälen oder bei Konzerten.
- Meiden Sie Menschen, die sich den Genüssen des Lebens hingeben und die keine Workaholics sind.
- Nehmen Sie nur Einladungen an, wenn Sie sicher sind, dass die Gastgeber Sie mit Expertenwissen versorgen. Das mag gelegentlich langweilig sein. Doch Sie trimmen sich auf diese Weise zielgenau für den postmodernen Konkurrenzkampf!
- Trainieren Sie vor dem Einschlafen Ihren Verstand. Für Probleme ist er zu diesem Zeitpunkt besonders empfänglich, da Sie sich ganz auf sich selbst konzentrieren können. Ihr Verstand kann so zur Höchstform auflaufen: Sie können in aller Ruhe nach der bestmöglichen Lösung von Problemen suchen – auch solchen, die es gar nicht gibt!

Anleitung zur perfekten Unvollkommenheit

- Folgen Sie Ihrer Intuition! Diese Fähigkeit ist uns gleichsam in die Wiege gelegt worden – und daher Ausdruck unseres ursprünglichen Empfindens.
- Vertrauen Sie Ihren Affekten und stehen Sie zu ihnen. Selbst in der Bibel wird der Zorn gutgeheißen!
- Bewerten Sie Ihre Gefühle nicht, sondern verwerten Sie dieses Potenzial!
- Hören Sie auf die innere Stimme Ihres kreativen Unbewussten.
- Schenken Sie Ihren Träumen und Tagträumen Zeit. Träume sind eine Botschaft unseres kreativen Unbewussten.
- Geben Sie Ihren Gefühlen einen eigenen körpersprachlichen Ausdruck.
- Trainieren Sie Ihre Kreativität, indem Sie mit Fehlern experimentieren.
- Befreien Sie sich vom Anspruch, mehr sein zu wollen, als Sie emotional aushalten können.
- Reduzieren Sie bewusst und konsequent Ihr Anspruchsdenken.
- Nutzen Sie Ihre vorhandenen Talente und Ihre erworbenen Fähigkeiten bewusst nur zu 50 Prozent. Versuchen Sie stets nur halb so gut zu sein, wie Sie bestenfalls sein könnten!
- Nehmen Sie sich jeden Tag ein klein wenig Zeit, um das bewusste Wahrnehmen zu üben: Schauen Sie sich einfach um und wagen Sie dann den zweiten Blick. Sie werden Dinge entdecken, welche Sie auf den ersten Blick nie zu sehen bekommen.
- Entdecken Sie Ihre Lebensfreude, Sie erschließen sich dadurch eine Motivationsquelle, die Sie mit unerschöpflicher Energie versorgt.
- Gehen Sie auf eine innere Entdeckungsreise: Intuitiv werden Sie immer spüren, ob Ihnen eine Tätigkeit oder ein Erlebnis Freude macht, sei es beruflich oder privat!

- Nehmen Sie Ihre Freude und Ihre Begeisterung als Maßstab, wenn Sie an eine Aufgabe herangehen. Schaffensfreude ist die Garantie für Kreativität und Produktivität.
- Stärken Sie Ihr Selbstvertrauen durch das Kompetenzvergnügen, welches aufkommt, wenn Sie die Früchte Ihrer Arbeit bewusst wahrnehmen und sich über das schon Gelungene freuen.
- Minimieren Sie den Zwang. Zwang ist der stärkste Energiehemmer. Er bewirkt eine Lustlosigkeit, die den freien Fluss geistiger Energie und lebendiger Kreativität austrocknen lässt.
- Schlafen Sie gut und ausreichend! Legen Sie Ihre Bedenken und Ihr schlechtes Gewissen vor dem Bett ab – wie ein Kleidungsstück.

Witz ist Wissen um die Ähnlichkeit verschiedener Dinge und um die Verschiedenheit ähnlicher Dinge.

Madame de Staël

Komische Kontraste

Humor ist mehr als wortgewandte Witzigkeit

Humor ist mehr als intellektuelle Witzigkeit. Humor entsteht, wenn die Sphäre unseres inneren Kindseins mit einbezogen ist. Denn die ursprüngliche Quelle des Komischen liegt im (nonverbalen) Bereich körperlichen Ausdrucks, wo sich widersinnige Handlungen, parodistische Nachahmungen oder ein frecher Schabernack ebenso entfalten wie das Spiel der Mimik. Wer witzig ist, verfügt gewöhnlich über sehr gut entwickelte sprachliche Fähigkeiten. Witzige Menschen können mit Worten geistreich jonglieren. Sie wollen sich zu Gehör bringen, denn das *gesprochene Wort* ist ihr Medium.

Das Zentrum nonverbaler Kommunikation ist das Gesicht. Die Stellung der Mundwinkel, die Beweglichkeit der Augenmuskeln und die Fähigkeit, Blickkontakt herzustellen und zu halten – dies allein genügt vollauf, eine zwischenmenschliche Brücke aufzubauen. Alles Weitere ist nur noch »Zugabe«, selbst wenn es sich um das gesprochene Wort handelt.

Der *Blickkontakt* gehört zum Humor wie die Sonne zum Sommer! Wer dem Blick des anderen nicht nur standhalten kann, sondern diesen lächelnd erwidert, hat sich eine nie versiegende Quelle der Selbstbestätigung erschlossen. Mit einem Lächeln lassen sich zwischenmenschliche Konflikte nicht selten »spielend« auflösen. Denn über das lächelnde Gesicht wird unmittelbar – körpersprachlich – mitgeteilt, dass das gesprochene Wort eine grundsätzlich humorvolle Bedeutung besitzt.

> In der Kantine setzt sich der neue Mitarbeiter neben einen Kollegen und grüßt diesen freundlich. Der Kollege reagiert nicht. Doch der Neue lässt sich nicht beirren. Mit einem strahlenden Lächeln wiederholt er seinen Gruß – etwas lauter und etwas gedehnter: »Guuuten Taag!« Und als der andere jetzt zu ihm schaut und zurückgrüßt, wird das Lächeln noch strahlender ...

Wenn Sie mit einem Mitmenschen kommunizieren, sollten Sie nicht nur hinhören, sondern auch *hinsehen*. Dabei können Sie dem Gesprächspartner leicht ein mimisches Angebot machen: Sie können ihn zum Beispiel mit den weiten Augen eines neugierigen Kindes anblicken. Dies wird unweigerlich bewirken, dass auch der andere über kurz oder lang von dieser Neugierde erfasst wird. Damit ist die (nonverbale) zwischenmenschliche Brücke schon aufgebaut! Wenn Sie nun Ihre Mundwinkel bewusst anspannen, entsteht ein typisches Lächeln. Mit diesem teilen Sie ohne Worte etwas mit, das seit Jahrtausenden in allen Kulturen verstanden wird: »Schau her! Ich habe Zähne, mit denen ich beißen kann. So brauche ich dich nicht zu fürchten. Und wenn du mir deine Zähne zeigst, brauchst auch du mich nicht zu fürchten!« Diese nonverbale Mitteilung entspricht dem Motto »Die beste Art, dem Leben die Zähne zu zeigen, ist ein Lächeln!«.

Humor ist mehr als wortgewandte Witzigkeit

Alfred Adler, einer der Begründer der Tiefenpsychologie, war ein begnadeter Redner. Das gefiel manchen Berufskollegen, die weniger erfolgreich waren, offensichtlich nicht. So kam es immer wieder vor, dass Adlers Lehre zum Beispiel bei Kongressen scharf angegriffen wurde. Bei einer solchen Gelegenheit erging sich der Vorredner Adlers in sarkastischen Tiraden. Als dieser Mann seinen Schlusssatz sprach, bestieg Adler mit einem strahlenden Lächeln das Podium, um dem wütenden Kritiker anerkennend auf die Schulter zu klopfen. Danach begann Adler sofort seine eigene Ansprache, ohne mit einem einzigen Wort auf die vorherigen Angriffe einzugehen. Das Publikum reagierte mit lang anhaltendem Beifall.

Der Emotionsforscher Paul Ekman[79] hat insgesamt 18 verschiedene Arten des Lächelns beschrieben. Aber nur eine einzige davon aktiviert jenen Bereich des Gehirns, aus dem heraus die Empfindung von Glücksgefühlen gesteuert wird. Während alle anderen Affekte (zum Beispiel Traurigkeit oder Ekel) mehrere Gesichtsmuskeln einbeziehen, sind am echten Lächeln lediglich zwei Muskelstränge beteiligt: der musculus zygomaticus maior, der vom Jochbein zu den Mundwinkeln verläuft, sowie der musculus orbicularis oculi, der sich ringförmig um die Augen schließt.

Robert Zajonc[80] stellte fest, dass es über die Aktivierung dieser Muskelstränge zu einer Beeinflussung von Blutgefäßen kommt, die das Gehirn mit Sauerstoff versorgen. Das Gehirn lachender und lächelnder Menschen wird also viel besser mit Sauerstoff versorgt, als dies bei ernsten, traurigen Menschen der Fall ist.

Der Sozialpsychologe Fritz Strack teilte Versuchspersonen in zwei Gruppen auf. Die Teilnehmer von Gruppe A mussten sich einen Bleistift zwischen die Zähne stecken, so dass die Mundwinkel angespannt wurden und sich ein typisches Lächeln ergab. In Gruppe B musste der Bleistift lediglich zwischen den Lippen gehalten werden, so dass die Spannung in den Mundwinkeln ausblieb. Allen Teilnehmern wurden Karikaturen vorgelegt, die nach dem Grad der Witzigkeit eingeschätzt werden sollten. Es stellte sich heraus, dass die »Zahnhalter« diese Karikaturen als wesentlich witziger einschätzten als die »Lippenhalter«!

ÜBUNG

Die Bleistiftmethode

Ein Bleistift, der zwischen die Zähne geschoben und dort durch einen leichten Biss fixiert wird, beeinflusst die Stellung der Mundwinkel wirksam. Dadurch wird auch der Lachmuskel aktiviert, und zwar auf dieselbe Weise wie bei einem Lächeln. Es empfiehlt sich, dies mindestens eine halbe Stunde am Tag zu üben, zum Beispiel beim Autofahren. Dadurch wird nicht allein der Gesichtsausdruck in einer ansprechenden Weise modelliert, es kommt zusätzlich zu einer günstigen Beeinflussung der Hirnaktivität!

Wissenschaftler von der Universität Uppsala fanden heraus: Spontanes Lachen ist ansteckend! Bei 120 Versuchspersonen wurde die Aktivität wichtiger Gesichtsmuskeln kontrolliert, während die Versuchspersonen Bilder von ärgerlichen und fröhlichen Antlitzen sahen. Um eine bewusste Reaktion auf die Fotos auszuschließen, wurden die Bilder nur für den Bruchteil einer Sekunde gezeigt. Ergebnis: Ohne Beteiligung des Bewusstseins reagieren wir automatisch auf die jeweiligen Muster der *Mimik*.

Der Schauspieler Klaus Kinski beherrschte dies vorzüglich. Es bereitete ihm zuweilen ein großes Vergnügen, bei Fernsehinterviews kein einziges Wort von sich zu geben. Stattdessen rollte er ausgiebig mit seinen Augen oder leckte sich mit seiner Zunge bogenförmig über die Oberlippe. Das

Publikum war entzückt, die Interviewpartner mussten aber gewöhnlich die (verbalen) Waffen strecken!

Wer allerdings vor sich hin lächelt, ohne den Blickkontakt zu den Menschen in seiner Umgebung herzustellen, wird schnell als »irgendwie komisch« erlebt. Manche Menschen üben sich zudem in einer notorischen mimischen Zurückhaltung. Ihr Gesichtsausdruck ist unlebendig, was sich vor allem in der Stellung der Mundwinkel zeigt: Diese bleiben schlaff, so dass der Lachmuskel nicht aktiviert wird. Dadurch formt sich der typische »Fischmund«, der durch die bogenförmig gewölbten Lippen gebildet wird. Die muskuläre Spannkraft fehlt, so dass sich ein »lascher« Ausdruck ergibt, der auch in diesem Fall »irgendwie komisch« wirkt. Die betreffenden Menschen werden selbst dann nicht wirklich humorvoll wirken, wenn sie mit einem scharfsinnigen, pointierten Wortwitz aufwarten!

Eine Umfrage einer Management-Zeitschrift ergab übrigens, dass das Motto von Topmanagern lautet: Pokerface wahren. Die *Frankfurter Allgemeine Zeitung* stellte folgerichtig fest: »Auf Führungsetagen wird Humorlosigkeit noch immer als Zeichen von Kompetenz gewertet.«[81]

Es wächst zusammen, was nicht zusammengehört

Komische Kontraste entstehen immer dann, wenn der gewohnte Lauf der Dinge – das, was wir im Sinne unserer E-Strategien als normal auffassen – plötzlich abbricht und etwas Unerwartetes eintritt. Das kann der Fall sein, wenn ein Opernsänger einen Schluckauf bekommt oder eine Autoritätsperson auf der berühmten Bananenschale ausrutscht. Wir erinnern uns auch an einen Lehrer, der ein Paradebeispiel für einen »zerstreuten Professor« war. Zu einem Festakt erschien er – ganz der Norm entsprechend – in einem schwarzen Anzug und mit silberner Krawatte. Doch offensichtlich hatte er im letzten Augenblick nicht mehr an die passenden Schuhe gedacht: Er trug ausgelatschte Sandalen zum Festakt.

Eine komische Wirkung wird also erzielt, wenn *widersprüchliche* Elemente miteinander verschmolzen werden. Dies bezieht sich auch auf Kommunikationsstile, die normalerweise nicht zusammenpassen. Hier drei Beispiele:

- *Höflichkeit und Frechheit:* »Darf ich Sie mit dem allergrößten Respekt in den Rücken treten?«
- *Bildung und Naivität:* »Ich darf Ihnen konzedieren, dass Sie mir geistig weit überlegen sind: Ich bin nämlich nur ein einfacher Mann vom Lande!«
- *Klugheit und Primitivität:* »Schon die Scholastiker wussten: Gerade die leisen Fürze gehen in die Hosen!«

Wie diese Kontraste im Alltagsleben rhetorisch genutzt werden können, zeigen die folgenden Beispiele:

- Mit grimmiger Miene zitiert der Chef seine Sekretärin zu sich. Während er die Augen zusammenkneift, beginnt er leise zu sprechen: »Es ist an der Zeit, dass ich es Ihnen klipp und klar sage.« Nun folgt eine Pause, in der sich die düstere Mimik allmählich zu einem breiten Grinsen wandelt: »Es wäre großartig, wenn Sie sich entschließen könnten, mir eine Tasse Kaffee zu kochen!«
- Der Mitarbeiter kommt fünf Minuten zu spät zur Besprechung. Als der Chef bedeutungsvoll auf die Armbanduhr schaut, fragt sein Untergebener mit strahlender Unschuldsmiene: »Kann man mit der auch tauchen?«[82]

Frau Krekel soll vor Gericht ihre genauen Personalien angeben. Sie verrät, drei Kinder im Alter von 15, zwölf und zwei Jahren zu haben. »Zwei Jahre ist das Jüngste«, wundert sich der Richter, »aber Ihr Mann ist doch schon seit sechs Jahren tot!« – »Stimmt! Aba ick lebe noch!«

Unfreiwillige Komik

Komische Kontraste entstehen, wenn sich ein Erwachsener wie ein ungeschicktes Kind verhält, das von einem Fettnäpfchen ins nächste tappt. Dieser Mensch wird zu einem *unfreiwilligen Komiker*, wenn er dies – für andere aber erkennbar! – gar nicht beabsichtigte.

Gegen Ende des 19. Jahrhunderts publizierte die schlesische Gutsherrentochter Friederike Kempner durchaus ernst gemeinte Gedichte, für die sich ihre Angehörigen gehörig schämten. Denn was der »schlesische Schwan« – so ihr Spottname – von sich gab, war ein Paradebeispiel unfreiwilliger Komik. Hier einige Kostproben:[83]

Johannes Kepler
Du sahest herrliche Gesichte
In finstrer Nacht,
Ein ganzes Blatt der Weltgeschichte:
Du hast es voll gemacht!

Die nicht!

Gehabt euch wohl, Gott segne euch,
Euch all im Sonnenlicht,
Dich, Vöglein, Röslein, Immergrün –
Doch Dornen und die Würmer nicht!

Ob auch

Ob auch Köter bellen
Und mir Fallen stellen,
Ich kümmre mich drum nicht
Und mach ein hübsch Gedicht!

Unfreiwillige Komik wirkt lächerlich, zuweilen auch peinlich oder gar tragisch. Davon betroffen sind freilich nur diejenigen, die sich angestrengt – und doch vergeblich – um Seriosität bemühen. Werner Finck schreibt: »Lächerlich zu erscheinen ist so ziemlich das Schlimmste, was einem so genannten ernsten Menschen passieren kann. Aber komisch, gerade der ist dieser Gefahr weit mehr ausgesetzt als der sich heiter Gebende!«[84]

Zu unfreiwilligen Komikern werden Politiker, die zum Beispiel bei einem Fernsehinterview den Faden verlieren. Eine besondere Berühmtheit erlangte der frühere Bundespräsident Heinrich Lübke, der bei Ansprachen oft von einem Black-out in den anderen geriet. Bei feinfühligen Mitmenschen kann dies Befremden, Unverständnis, häufig auch Mitleid auslösen. Wer sich dieses Mitleid aber erspart, wird sich erheitern lassen – gerade so wie ein Erwachsener, der ein ungeschicktes Kind beobachtet!

Stilblüten[85]

»Ich möchte dringend eine Wohnung nachgewiesen haben, da ich einen großen Heiratsdrang verspüre.«

»Meine Nachbarin, Frau O., lässt stets mit donnerndem Getöse ihr Wasser laufen: Ich bitte, einen Beamten zu schicken, der die Sache in die Hand nimmt.«

»Mein Mann kann nicht zahlen. Er macht keine Geschäfte mehr, und wenn er mal noch ein kleines Geschäft macht, sind es höchstens ein paar Brocken!«

»Ich bitte, meinem Mann ein paar neue Hosen zu verschaffen. Er ist Musiker und kann in den alten Hosen keine Musik mehr machen.«

»Ich bitte um Kohlen, da ich den Schnupfen nebst meiner Frau nicht loswerden kann.«

»Ich bitte um Erhöhung meiner Rente. Ich habe nur mein Monatliches, und ab und zu fließt mir aus einem frommen Stift etwas zu!«

»Wo der Herr Pfarrer noch etwas gilt im Volke, ist von Geburtenrückgang nichts zu merken!«

»Seit der Trennung von meinem Mann wurde jeder notwendige Verkehr von meinem Rechtsanwalt erledigt.«

»Ich entfernte mich vom Straßenrand, warf einen Blick auf meine Schwiegermutter und fuhr die Böschung hinunter.«

»Ich habe so viele Formulare ausfüllen müssen, dass es mir bald lieber wäre, wenn man geliebter Mann überhaupt nicht gestorben wäre.«

»Ich bin ferner mit meinen Nerven am Ende und habe mit einer schweren Kastrititis zu tun.«

»Wer mir die Geldbörse gestohlen hat, kann ich nicht sagen, weil aus meiner Verwandtschaft niemand in der Nähe war.«

»Einnahmen aus der Viehhaltung haben wir keine. Mit dem Tod meines Mannes ging das letzte Rindvieh vom Hof.«

»Die Polizisten, die den Unfall aufnahmen, bekamen von meiner Braut alles gezeigt, was sie sehen wollten.«

»Nachdem ich 40 Jahre gefahren war, schlief ich am Lenkrad ein.«

»Ich muss Sie dringend bitten, mich innerhalb von acht Tagen zu befriedigen, sonst muss ich mich an die Öffentlichkeit wenden.«

»Teile Ihnen freundlichst mit, dass Sie meine Verhältnisse nur auf der einen Seite geprüft haben, ohne die Kehrseite zu berücksichtigen.«

Stilblüten aus Schulaufsätzen[86]

»Als der Germanenführer Widukind die Schlacht verloren hatte, stellte er sich vor die Feinde und übergab sich.«

»Mohammed war der Gründer der Iss-Lamm-Bewegung.«

»Das Wasser ist mächtig, man kann es aber doch manchmal halten. Aber die Winde können nicht eine Minute zurückgehalten werden.«

»Graf Zeppelin war der Erste, der nach verschiedenen Richtungen schiffte.«

»Die Kaufleute ziehen ihre Schutzhüllen herunter und die Spritzvorrichtungen werden in Tätigkeit gesetzt.«

»Allmählich begannen sich meine Wangen zu röten und mein Bauch zu runden, eine natürliche Folge genussreicher Stunden.«

»Mit starkem, großem Strahl gaben die Feuerwehrleute ihr Wasser ab.«

»Der Landwirtschaftsminister ließ die Bauern zusammenkommen, denn die Schweine fraßen zu viel.«

»Dort, wo jetzt Ruinen ragen, standen einst stolze Burgfräuleins und warteten auf die ausgezogenen Ritter.«

»Meine Tante schenkte mir eine Sparbüchse. Sie war ein Schwein. Sie hatte zwei Schlitze. Hinten einen fürs Papier und vorne einen fürs Harte.«

»Zu Allerheiligen waren wir auf dem Friedhof. Es war sehr feierlich, denn der Pfarrer besprang mit seinem Wedel die Friedhofsbesucher.«

»Das Bauernmädchen hat es gut, es kann sein Geschäft meist in freier Natur besorgen. Die Großstädterin muss selbst hierzu den Bus oder die Straßenbahn benützen.«

»Langsam fuhr der Zug in den Bahnhof ein. Und dann entleerten sich die Fahrgäste.«

»Am letzten Oktober 1517 schlug Luther mit seinen 95 Prothesen an die Schlossküche von Württemberg.«

»Unser Oberbürgermeister bekommt täglich 200–250 Einläufe.«

»Mohammed wurde zum Propheten geweiht, als er eines Tages ein Geschäft machte.«

»Wie ein roter Faden zieht sich die Periode Maria Theresias durch die Geschichte Österreichs.«

»Früher wurde die Kuh zum Bullen geführt, heute macht es der Tierarzt selbst.«

»Er musste jede Arbeit annehmen, um seine Notdurft zu stillen.«

»Die Steinzeitmenschen besaßen bereits alle Werkzeuge, um eine Familie zu gründen.«

»Wenn der Ritter im Turnier gesiegt hatte, ging er zu seiner Dame und holte sich was.«

»Der Stuhl des Lehrers ist von bräunlicher Farbe und sehr weich.«

»Auf der Straße steht der Milchmann und macht da täglich sein Geschäft.«

»Gestern hatten wir Jugend-Skitag. Jede Minute ließ der Lehrer einen fahren. Wenn ihm einer zu früh rausging, schickte er ihn zurück.«

Weitere Stilblüten finden Sie im Anhang.

Freiwillige Komik

Professionelle Komiker erzeugen komische Kontraste, indem sie sich zeitweilig wie ein naives Kind geben. Ein Paradebeispiel ist der Clown, der sich absichtlich ungeschickt und dumm gibt. Damit übernimmt er gezielt die Identität eines Narren, dummen August oder Tölpels. Weil das Publikum weiß, dass die daraus resultierende komische Wirkung *freiwillig* zustande kommt, kann es sich von vornherein jedes Mitleid ersparen! Das Geheimnis der Humorentstehung liegt also im gezielten Hervorrufen von komischen Kontrasten.

Ein Beispiel bringt Woody Allen:

»Der Nihilismus behauptet, dass es kein Leben nach dem Tode gibt. Ein deprimierender Gedanke, besonders für einen, der sich nicht rasiert hat!«

Freiwillig komisch ist auch eine Strategie, die den Schalk des unartigen Kindes in die Körpersprache einfließen lässt. Dazu ein Beispiel aus der Goethe-Zeit:

Der Göttinger Professor Jacob Grimm wollte 1829 dem Staatsminister und Dichter Goethe seine Aufwartung machen. Als er sich zur Empfangszeit angemeldet und den Salon betreten hatte, herrschte ihn Goethe schlecht gelaunt an: »Tag, Herr Grimm – was wünschen Sie?« Der renommierte Sprachwissenschaftler wurde verlegen und stotterte: »Oh – ich – wollte – Sie nur einmal sehen!« Da wandte sich Goethe nach rechts und sagte: »So!« Dann nach links mit einem erneuten »So!« Und schließlich zeigte er sich ihm von hinten mit den Worten: »Und so!«

Durch diese komische Szene gewann Jacob Grimm wieder seine Fassung und sprach: »Ich danke Ihnen sehr, Exzellenz!

Darf ich jetzt noch fragen, was ich Ihnen für diese Schaustellung schuldig bin?« Da lachte Goethe herzlich – und das Eis war gebrochen.[87]

ÜBUNG

Intentionale Sprechhemmung

Laden Sie Gleichgesinnte zu einem *komischen Vortrag* ein. Man beginnt zunächst konventionell über ein beliebiges Thema zu sprechen. Auf ein Zeichen hin wird die *Sprechhemmung* eingeleitet, wodurch der normale Sprachfluss schlagartig verändert wird. Das wird dadurch bewirkt, dass zum Beispiel

- ein Schluck Wasser im Mund behalten wird,
- ein Streichholz zwischen die Schneidezähne geklemmt wird,
- Brausepulver im Mund aufgeschäumt wird,
- ein Bleistift in die Mundwinkel geschoben wird,
- »rückwärts geatmet«, das heißt beim Einatmen gesprochen wird,
- mit weit ausgestreckter Zunge gesprochen wird,
- die Zunge gegen den Gaumen oder die Zähne gepresst wird.

Zwei Freunde – der eine 50, der andere 60 – streiten sich, weil der 60-Jährige im Begriff war, eine 20-Jährige zu heiraten. »Ich halte nichts von diesen Mai-Dezember-Ehen«, erklärte der 50-Jährige. »Der Dezember findet natürlich im Mai die Frische und Schönheit des Frühlings. Aber was findet der Mai im Dezember?« – »Den Weihnachtsmann«, entgegnete der andere augenzwinkernd.

Humoristen lieben es, mit der Sprache zu spielen.

Paul McGhee

Humoristische Gesprächstechniken

Gedankliche Flexibilität lässt sich trainieren

Fassen wir zusammen: Der Humor bedarf der Gegensätze, Widersprüche und komischen Kontraste, um sich zu entfalten. Komische Kontraste entstehen, wenn Elemente miteinander verbunden werden, die eigentlich nicht zusammenpassen. Voraussetzung dafür ist immer eine lockere und flexible Verbindung zwischen E- und K-Strategien, die bewusst beziehungsweise absichtlich zustande kommt. Wenn also jemand, der sich eben noch an der E-Strategie orientierte, plötzlich wie ein Kind zu argumentieren beginnt, entsteht ein »intellektueller Sprung«,[88] der verblüffen und amüsieren kann. Hierzu zwei Beispiele:

- Im Lift kommt ein Betriebsangehöriger der jungen Mitarbeiterin etwas zu nahe. Sie schreit gellend: »Mama, ein böser Onkel hat mich angefasst!«
- Ein trockener Alkoholiker trinkt bei geselligen Anlässen nur Orangensaft. Ein indiskreter Zeitgenosse fragt ihn, weshalb er eigentlich keinen Wein trinke. Die trockene Antwort: »Weil ich unbedingt gelbes Pipi haben will!«

Solche intellektuellen Sprünge lassen sich mit einiger Übung ohne weiteres lernen und mit der Zeit immer lockerer anwenden. So kann eine *gedankliche Flexibilität* entstehen, die schließlich mit spielerischer Leichtigkeit gelingt. Sie können dieses Training damit beginnen, indem Sie bekannte Redewendungen auf neuartige Weise zusammenzufügen:

- Wer im Glashaus sitzt, sollte nicht mit dem Zaunpfahl winken.
- Der Krug geht so lange zum Brunnen, bis er sich übergibt.
- Das schlägt dem Fass die Krone ins Gesicht.
- Der Scheck heiligt die Mittel.
- Wer den Krug bis zur bitteren Neige trinkt, kriegt häufig noch den Deckel auf die Nase.
- Der Apfel fällt nicht weit vom Ross.
- Die Liebe geht durch den Wagen.
- Wissen ist Macht. Nichts wissen macht auch nichts.
- Frech gesagt ist halb geflogen.
- Wie man sich fettet, so wiegt man.
- Das ist der Funke, der das Fass zum Überlaufen bringt.

Weitere Beispiele hierfür finden Sie im Anhang.

Haarscharf daneben

Die humorvolle Flexibilität verknüpft Konventionelles mit Unkonventionellem – objektive Fakten sind dabei nicht so wichtig. Wahrheit und Fiktion werden so vermengt, dass die Logik aus dem Gleichgewicht kommt. Man wird deshalb nicht einfach sagen: »Heute geht es mir nicht gut, weil ich Kopfschmerzen habe«, sondern »Heute geht es mir nicht gut, weil der Eierpreis wieder aufgeschlagen hat« oder »... weil morgen schon wieder Donnerstag ist«.

Hier weitere Beispiele für eine humorvolle Flexibilität:

- Der eilige Fahrgast fällt beim Aussteigen aus der Straßenbahn unsanft auf den Hintern. Ein Passant fragt teilnahmsvoll: »Sind Sie hingefallen?« – »Nein, so steig ich immer aus!«
- Eine alte Dame ist vom langen Herumlaufen im Museum ganz müde geworden und lässt sich erschöpft in einen Sessel fallen. Völlig außer sich kommt der Museumsaufseher angetrabt: »Sie können hier nicht sitzen – das ist ..., das ist der Sessel von Friedrich dem Großen!« – »Wenn er kommt, stehe ich natürlich auf.«
- »Ich brauche jetzt endlich eine Gehaltserhöhung. Mit dem Geld, das ich jetzt bekomme, kann ich keine großen Sprünge machen!« – »Das sollen Sie auch nicht. Ich habe Sie schließlich als Buchhalter angestellt und nicht als Känguru!«
- »Ich hätte gerne für meine Frau eine Waschmaschine!« – »Bedaure, wir tauschen nichts um!«
- »Können Sie nicht lesen, dass das Baden im Freien verboten ist?« – »Entschuldigen Sie, aber ich bade doch gar nicht im Freien, sondern im Wasser!«

Der SPD-Politiker Herbert Wehner verstand sich auf diese Methode besonders gut. Als der damalige Bundeskanzler Kurt-Georg Kiesinger vor dem Plenum meinte, man müsse auch den Lokalteil einer Zeitung lesen, um »das Ohr am Volke zu haben«, rief ihm Wehner zu: »Lesen Sie mit dem Ohr?«

Der große Schweizer Schriftsteller Gottfried Keller war ein bekennender Zecher. An einem Abend wurde er am Stammtisch plötzlich von heftigen Leibschmerzen befallen. Er suchte deshalb einen Arzt auf, der ihn untersuchte und schließlich sagte: »Ich kann heute nicht genau feststellen, wie es um Ihre Gesundheit steht. Das liegt am übermäßigen Alkoholgenuss!« – »Oh, dann entschuldigen Sie!«, erwiderte Keller: »Ich komme wieder, wenn Sie nüchtern sind.«

Neuartige Verknüpfungen herstellen

Flexibel denken heißt, sich von einer vertrauten Betrachtungsweise zu lösen und einen *neuartigen Blickwinkel* einzunehmen. So werden Perspektiven »ver-rückt« und Zusammenhänge hergestellt, die wir normalerweise nicht finden. Ein Beispiel ist die folgende Feststellung, die wahrscheinlich auf Kurt Tucholsky zurückgeht: »Nichts ist verächtlicher, als wenn Literaten Literaten Literaten nennen.« (Die Rechtschreibprüfung jedes Textverarbeitungsprogramms meldet hier einen Fehler!)

Der amerikanische Komiker Groucho Marx war ein Meister im Herstellen neuartiger Verknüpfungen. So definierte er den Humor als »verrückte Vernunft«. Von Groucho Marx stammt der bekannte Ausspruch: »Ich würde niemals Mitglied in einem Verein werden, der mich als Mitglied akzeptiert.« Und auch der folgende Dialog ist ein anschauliches Beispiel dafür, wie unkonventionelle Verknüpfungen hergestellt werden können:

In Groucho Marx' TV-Show *You Bet Your Life* war eine Frau aus Iowa zu Gast, die acht Kinder hatte. Groucho Marx war beeindruckt. »Acht Kinder! Erstaunlich. Wie kam es dazu?«, fragte er die Frau. Sie gab zur Antwort: »Ganz einfach. Ich glaube, mein Mann mag mich eben.« Darauf Groucho Marx: »Ich mag meine Zigarre ebenfalls. Aber zuweilen nehme ich sie heraus.«

George Bernard Shaw stritt sich wieder einmal mit dem Schriftsteller Gilbert Keith Chesterton, einem außergewöhnlich dicken Mann. Nachdem dieser ihm zugerufen hatte: »Wenn man Sie sieht, glaubt man, es sei eine Hungersnot im Lande!«, gab ihm Shaw zur Antwort: »Und Sie hält man für den Schuldigen daran.«[89]

Die bekannte Schauspielerin Barbara Rütting (inzwischen ist sie als Lachtrainerin und Politikerin tätig) berichtet:

»Während einer Kur fiel ich einem italienischen Masseur in die Pranken – im wahrsten Sinne des Wortes! Ein Sadist, der Mann, aber was für ein Komiker! Je mehr ich stöhnte und aufheulte, desto mehr griff er in die Vollen. Nach einem meiner Aua-Schreie fragte er leise in beschwörendem Ton: ›Polizei, Madame?‹ Beim nächsten Schmerzgeheul flüsterte er: ›Ambulanz, Madame?‹ Aber dann kam der Clou. Halb von Sinnen nach der Tortur stand ich schließlich auf schlotternden Beinen. Da gab er mir einen Prankenhieb auf den Hintern, mit der Bemerkung: ›Muscolatura antica!‹«[90]

In einer parlamentarischen Auseinandersetzung griff eine Abgeordnete Winston Churchill wütend an: »Wenn ich Ihre Frau wäre, würde ich Sie vergiften!« Worauf Churchill genüsslich schmunzelnd entgegnete: »Und wenn ich Ihr Mann wäre, würde ich das Gift mit Vergnügen nehmen!«[91]

Churchill konnte aber auch einstecken. So hatte sich sein Fahrer bei einer Wahlkampfreise in einer ihm unbekannten Gegend verfahren. Churchill sprach einen Passanten an und fragte, wo sie sich befänden. »Im Auto«, antwortete der Gefragte und ging weiter. »Das war eine echte Unterhaus-Antwort«, berichtete Churchill später. »Erstens war sie kurz. Zweitens war sie unverschämt. Drittens war sie völlig überflüssig und viertens enthielt sie nichts, was der Frager nicht schon wusste!«[92]

Im Folgenden finden Sie weitere unkonventionelle Verknüpfungen:

- Humor-Lose sind meistens Nieten.
- »Darf ich Ihnen etwas im Vertrauen sagen?« – »Wenn ich ehrlich sein darf: Das Hinterhältige ist mir lieber!«
- Wenn Sie ein Heuchler sein wollen, sollten Sie es wenigstens damit ehrlich meinen! (Waleed A. Salameh)
- »Können Sie mir noch folgen?« – »Tut mir Leid, ich übe gerade das Nicht-Folgen.«
- Maßhalten sollte man nie übertreiben!
- Mein Grundsatz: Kein Grundsatz!
- Reinkarnation? – Nur über meine Leiche!
- Über sich selbst lachen? – Dass ich nicht lache!
- Verallgemeinernd lässt sich sagen: Im Allgemeinen sollte man nicht verallgemeinern.
- Spontaneität will gut überlegt sein.
- »Ich will nicht indiskret sein!« – »Das braucht ja nicht jeder zu wissen!«
- »Wenn ich ein Pferd hätte, würde ich Ihnen die Sporen geben«! (Groucho Marx)
- »Die Zukunft war früher auch besser«! (Karl Valentin)

Weitere Sprüche finden Sie im Anhang.

Eine Beschwerde mit Humor

Ein Kunde in einem großen Kaufhaus wartete seit über zehn Minuten darauf, dass er bedient werde. Sein Ärger nahm dabei stetig zu, denn in unmittelbarer Nähe von ihm standen drei Verkäuferinnen, die sich lebhaft und lachend miteinander unterhielten. Endlich wurde es ihm zu viel, er ging auf die vergnügte Gruppe zu und fragte: »Können Sie mir bitte sagen, wo ich hier eine Wahrsagerin oder Kartenlegerin finde?« – »Was wollen Sie denn damit?«, kam die irritierte Rückfrage. – »Ganz einfach«, antwortete der Kunde, »die wird mir sicherlich sagen können, wann ich hier bedient werde.«[93]

Ein Hotelgast morgens zum Ober: »Ich hätte gern zwei zu hart gekochte Eier, eiskalten Speck, verkohlten Toast, tiefgefrorene Butter und lauwarmen Kaffee.« Darauf der Ober: »Das dürfte etwas schwierig sein.« Der Gast: »Wieso, gestern ging es doch auch!«[94]

»Wie komme ich denn hier zu den Philharmonikern?«, fragt der Tourist einen Wiener Polizisten. Der Polizist macht die Handbewegung des Geigenspielens: »Üben, lieber Herr, immer fest üben ...!«

Gast: »In meiner Suppe schwimmt eine Fliege!« Ober: »Nicht mehr lange. Am Tellerrand nähert sich eine Spinne!«

»Hast du schon gehört, der Alois ist gestorben!« – »Ach deshalb sieht man ihn kaum mehr!«

Alles ist relativ

Die Vernunft zwingt uns zuweilen eine Sichtweise auf, die in ihrer letzten Konsequenz zur Resignation führen kann. Denken wir an Lebenssituationen, die sehr schwierig sind – oder an unheilbare Krankheiten, Berufsunfähigkeit oder Schicksalsschläge im Familienleben. Wer sich dabei das bittere Ende vor Augen führt, sich also voll auf die düstere Zukunft ausrichtet, kann leicht seinen Lebensmut verlieren! Was aber wäre, wenn diese weit reichende Perspektive bewusst reduziert wird, so dass zukünftige Schrecken ausgeblendet sind?

Dieser Kunstgriff kann selbst die objektive Vergänglichkeit des Lebens relativieren: Man pflanzt wie Luther sein Apfelbäumchen, ohne an den Weltuntergang zu denken! Dadurch kann es zu einer Befreiung und Bereicherung im Hier und Jetzt kommen. Der Wiener Volksmund drückt es so aus: »Die Lage ist katastrophal, aber nicht ernst!« Sigmund Freud hat diese Relativierung am Beispiel des *Galgenhumors* analysiert:

»Der Spitzbube, der am Montag zur Exekution geführt wird, äußert: ›Na, diese Woche fängt ja gut an!‹ Das ist eigentlich ein Witz, denn die Bemerkung ist an sich ganz zutreffend, andererseits in ganz unsinniger Weise deplaziert, da es weitere Ereignisse in dieser Woche für ihn nicht geben wird. Es gehört aber Humor dazu, einen solchen Witz zu machen, d.h. über alles hinwegzusehen, was diesen Wochenbeginn vor anderen auszeichnet, den Unterschied zu leugnen, aus dem sich Motive zu ganz anderen Gefühlsregungen ergeben könnten. Derselbe Fall, wenn er sich auf dem Weg zur Hinrichtung ein Halstuch für seinen bloßen Hals ausbittet, um sich nicht zu verkühlen. Man muss sagen, es steckt etwas von Seelengröße in solchem Festhalten seines gewohnten Wesens und Abwenden von dem, was dieses Wesen umwerfen und zur Verzweiflung treiben sollte.«[95]

Freud meinte, der humorvolle Mensch verhalte sich selbst wie ein unvernünftiges Kind und spiele gleichzeitig diesem Kind gegenüber die Rolle von weisen Eltern. Somit ermöglicht der Humor eine relativierende Einstellung zum Leben: »Er will sagen: Siehe her, das ist nun die Welt, die so gefährlich aussieht. Ein Kinderspiel, gerade gut, einen Scherz darüber zu machen!«[96]

Im alten China mussten die Ärzte für jeden Patienten, der ihnen gestorben war, ein Lämpchen vor ihrer Tür aufhängen. Man sah viele Lämpchen in der Residenzstadt. Als nun der Kaiser krank geworden war, befahl er, man solle ihm denjenigen Arzt bringen, vor dessen Haus die wenigsten Lämpchen hingen. Nach langem Suchen fanden die Boten einen, vor dessen Haus nur ein einziges Lämpchen glimmte. Dieser Arzt wurde geholt und gab mit zitternder Hand dem Kaiser eine Medizin, an der dieser sofort genas. Voller Wohlwollen sprach der Kaiser zu ihm: »Du bist ein wahrhaft tüchtiger Arzt. Doch sage mir, wie kommt es, dass dir bisher nur ein einziger Patient gestorben ist?« – »O, erhabener Sohn des Himmels«, antwortete der Arzt, »ich habe meine Praxis erst gestern eröffnet.«

Ein Fremder nähert sich zwei Polizisten und fragt diese auf Englisch nach dem Weg zum Bahnhof. Die zwei Polizisten zucken ratlos mit den Schultern, worauf der Fremde es noch einmal versucht – auf Französisch. Nachdem er auch diesmal keine Antwort erhält, versucht er es ein letztes Mal –

auf Italienisch – und erntet wiederum die bereits bekannte Reaktion. So wendet er sich enttäuscht ab.

»Ja, Fremdsprachen sollte man können!«, murmelt der eine Polizist nachdenklich. »Und was hat es ihm genützt?«, erwidert der andere selbstgefällig.

»Small is beautiful« – und die dümmsten Bauern ernten die größten Kartoffeln! Wenn Sie sich diese Relativierung zu Eigen machen, können Sie in aller Bescheidenheit kontern. Hier einige Beispiele:

- »Sie werden auch nicht gescheiter!« – »Stimmt! In intellektueller Hinsicht bin ich ein Bonsai-Baum.«
- »Unser Verstand ist unser ganzes Vermögen!« – Macht nichts. Ich sage immer: Armut schändet nicht!«
- »Welche firmenspezifischen Aspirationen haben Sie?« – »Dass mich der Pförtner eines Tages im Innenhof parken lässt.«

Verblüffend kommunizieren

Im Folgenden stellen wir Gesprächstechniken vor, die allerdings nur dann »greifen«, wenn die Voraussetzungen der Humorentstehung gegeben sind, nämlich:

- affektive Offenheit,
- lächelnde Spielfreude,
- naive Direktheit und Neugierde,
- sich auf das Naheliegende und Konkrete einstellen (reduzieren),

- logische Flexibilität und Experimentierfreude,
- gelassenes Wohlwollen,
- freundliche Unbefangenheit.

Rhetoriker haben seit der Antike Gesprächsmethoden beschrieben, die auf diesen Voraussetzungen aufbauen. Und in der Neuzeit haben Kommunikationstrainer weitere Erkenntnisse erarbeitet. Wir nehmen darauf Bezug, ebenso auf die Gesprächstechniken von Viktor Frankl *(paradoxe Intention)*, Frank Farrelly *(therapeutische Provokationen)* und Paul Watzlawick *(paradoxe Umdeutungen)*.

Kommunikation ohne Humor ist wie ein Haus ohne Fundament

Übertreibungen

Die einfachste Technik der Humorentstehung besteht darin, genau das zu übertreiben, wofür man sich normalerweise rechtfertigen müsste. Aus Maulwurfshügeln entstehen so die größten Berge und Mücken werden zu Elefanten. Dadurch lassen wir die Welt realer Tatsachen hinter uns und betreten eine Welt voller Absurditäten. Aus dem Blickwinkel dieser Welt erscheinen uns die vielen kleinen Verfehlungen des Alltagslebens nur noch lächerlich.

Auch in die Alltagssprache haben sich die maßlosesten Übertreibungen eingeschlichen – trotz der Zensur unserer formallogisch geeichten Alltagsvernunft. Beispiele sind unrealistische Überzeichnungen wie »Ich könnte die ganze Welt umarmen!« oder »Mir ist zum Bäume-Ausreißen!«.

Erwin Teufel, Ministerpräsident von Baden-Württemberg, wurde von einem Journalisten gefragt, ob er das Amt des Bundespräsidenten anstrebe. Teufels Antwort: »Das ist mir zu wenig, denn ich will doch Kaiser von Europa werden!« Damit hatte er sich humorvoll aus der Affäre gezogen.

Die Psychotherapeuten Eleonore Höfner und Hans-Ulrich Schachtner verstehen es meisterhaft, Ratsuchende durch humorvolle Provokationen zu eigenständigen Erkenntnissen anzuregen. Und so gehen sie vor: »Wir übertreiben hemmungslos auf allen Kanälen, nicht nur inhaltlich, sondern auch verbal, mimisch und stimmlich, bis der Klient entweder lachend oder ärgerlich abwinkt. Und dann machen wir noch ein bisschen weiter.«

Als Beispiel wird eine durchaus attraktive Frau angeführt, die mit folgendem Problem in die Beratung kam: »Wenn mich mal ein Mann anspricht, dann doch nur, um mit mir zu schlafen. Wenn ich so hübsch wäre wie meine Schwester, dann hätte ich auch Chancen! Aber so!«

Darauf der Coach mit gespieltem Ekel: »Mir ist klar, was Sie meinen. Nur ein schielender Frosch würde sich mit einer Person wie Ihnen einlassen. Mit so großen Füßen, dicken Fesseln, Sulzknien, O-Beinen.«

Einwand der Klientin: »Nein, ich bin X-beinig!«

Coach: »Na gut, dann eben X-beinig, aber diese dicken Schenkel, dieser Hängea..., äh, -hintern, Kugelbauch, Schwimmreifen, wo die Taille sitzen müsste, Schultern wie ein Preisboxer, Kinn wie eine Schublade, Henkelohren, Kartoffelnase, buschige Augenbrauen, winzige Schweinsäuglein und Haare, die aussehen wie ein verlassenes Rattennest! Igitt! Aber ich will auch mal was Positives sagen: Ihre Zähne sehen gar nicht so übel aus!«

Klientin, explosiv lachend: »Und die sind falsch!«[97]

Bei einer Podiumsdiskussion, die den Sexismus zum Thema hatte, wurde ein scheinbar konservativer Herr von einer redegewandten Frauenrechtlerin ins Visier genommen. Ihre Angriffsrede kulminierte in der Frage: »Sind Sie auch so einer, der nicht im Sitzen pinkelt?« Die lakonische Antwort: »Stimmt, ich mache das grundsätzlich im Liegen!« Das zuvor sehr kritische Publikum brach sofort in schallendes Gelächter aus.

»Sie brauchen den Mund nicht so weit aufmachen«, erklärt der Zahnarzt. – »Wollen Sie denn nicht bohren?«, fragt der Patient. – »Doch, schon …, aber ich bleibe draußen.«

Als der Schriftsteller Mark Twain einmal – und zwar bevor er besonders viel Geld verdiente – auf der Straße einen Freund traf, fragte ihn dieser, indem er auf eine Zigarrenkiste unter Twains Arm deutete: »Mark, willst du nicht zuerst einmal deine Schulden zurückzahlen, bevor du so teure Zigarren rauchst?« Twain antwortete: »Gerne, aber dies ist mein Umzugskarton.«[98]

Bei einer Ansprache erklärte Twain: »Julius Cäsar ist tot, Shakespeare ist tot, Napoleon ist tot, Abraham Lincoln ist tot, und auch ich fühle mich nicht besonders wohl.«[99]

In der Inflation nach dem Ersten Weltkrieg fiel die Mark täglich um Millionen. Karl Valentin wurde gefragt, ob er schon wisse, dass der Dollar jetzt auf einer Milliarde sechshundert Millionen fünfhundertfünfzigtausend Mark stehe. »Mehr ist er auch nicht wert!«, antwortete Valentin.

Nasrudin Mullah wurde von einem Mann aufgesucht, der sich über seine Wohnverhältnisse beklagte: »Nasrudin, mein Haus ist einfach zu klein. Ich wohne mit meiner Frau, meinen Kindern und meinen Schwiegereltern in einem einzigen Raum. Wir treten uns dauernd auf die Füße. Wir schreien herum. Ich weiß nicht mehr, wie es weitergehen soll!«

Nasrudin sagte: »Hast du eine Kuh?« Und als der Mann bejahte, wies Nasrudin ihn an, die Kuh mit ins Haus zu nehmen und in einer Woche wiederzukommen.

Der Mann war zwar erstaunt. Er befolgte aber dennoch diesen Ratschlag. Als er nach einer Woche wiederkam, berichtete er, dass die Wohnverhältnisse jetzt noch schlimmer geworden seien. Nasrudin erklärte ungerührt: »Lass deine zwei Ziegen auch noch bei euch wohnen!« Auch diesen Ratschlag befolgte der Mann. Als er nach einer weiteren Woche zurückkam, war er fast am Ende seiner Kräfte und berichtete, dass die Wohnverhältnisse jetzt fast unerträglich geworden seien. Nasrudin trug ihm dennoch auf, auch seinen Esel ins Haus zu nehmen.

Nach einer weiteren Woche war der Mann tatsächlich am Ende: Er brüllte Nasrudin an: »Es ist unerträglich. So kann es nicht weitergehen. Ich werde noch verrückt. Nasrudin, du musst mir helfen!«

Dieser sagte: »Jetzt hör mir genau zu: Führe die Kuh und den Esel in den Stall und die Ziegen auf die Wiese. Und in einer Woche kommst du und berichtest!«

Als der Mann nach einer Woche wiederkam, war er deutlich erleichtert: »Oh Nasrudin! Jetzt, wo ich nur noch mit meiner Frau, den Kindern und den Schwiegereltern im Haus lebe, habe ich so viel Platz. Was für ein Unterschied!«[100]

Vor 40 Jahren machte man sich in Amerika noch keine besonderen Gedanken über die Gefahren des Rauchens. So wurde an Orten geraucht, die heutzutage mit einem strikten Verbot belegt sind. Der Manager eines renommierten kalifornischen Hotels versuchte deshalb, an die Einsicht seiner Gäste zu appellieren. Er ließ im Foyer ein gut sichtbares Schild anbringen:

Nicht rauchen,
denken Sie an den Brand
von San Francisco!

Ein humoriger Gast brachte bald ein zweites Schild an:

Nicht auf den Fußboden
spucken,
denken Sie an die Sintflut!

Am nächsten Morgen hing ein drittes Schild an der Wand:

Nehmen Sie keine
Doppelzimmer,
denken Sie an die
Bevölkerungsexplosion
auf unserem Globus!

ÜBUNG

Übertreibungen[101]

Um die Übertreibungstechnik zu üben, können Sie nach folgendem Schema vorgehen:

1. Wählen Sie einen *Gegenstand* (zum Beispiel sich selbst, Ihren Job, die Ehe, Ihr Auto, Ihre Schwiegermutter).
2. Stellen Sie eine Liste von verwandten *Substantiven* auf (zum Beispiel fürs Auto: Kennzeichen, Scheinwerfer, Motor, Scheibenwischer, Benzintank, Räder, Armaturenbrett).
3. Wählen Sie ein *Adjektiv*, um dieses Hauptwort zu beschreiben (zum Beispiel alt, langsam, klein, sparsam).
4. Nun stellen Sie eine Liste von Begriffen auf, die mit dem Wort *verwandt* sind, das Sie bei Punkt 3. gewählt haben. Für *alt* wären dies beispielsweise Runzeln, Fossilien, Antiquitäten, graue Haare, Arthritis, Hieroglyphen, falsche Zähne, Altersflecken.
5. Bringen Sie nun die Punkte 2. und 4. in einen Zusammenhang, um die Einzelheiten Ihres Autos zu beschreiben. Also: Mein *Auto* ist so *alt*, dass die *Scheinwerfer Altersflecken* haben, die *Räder* unter *Arthritis* leiden, der *Motor Runzeln* hat, das *Armaturenbrett* aus *Fossilien* besteht, die *Räder* als *Antiquitäten* gehandelt werden können, der *Benzintank graue Haare* hat und die *Kennzeichen* mit *Hieroglyphen* beschriftet sind.

Ein Tourist fragt den Bürgermeister des Kurorts: »Ist das Klima hier wirklich so gesund?« – »Und ob! Um den Friedhof endlich einweihen zu können, waren wir gezwungen, unseren ältesten Einwohner zu vergiften.«

Vergangenen Sommer war es bei uns so heiß, dass die Eidechsen ins Herdfeuer krochen, um dort den Schatten der Bratpfanne zu genießen.

Ein Greis besteigt einen überfüllten Bus und zeigt dem Fahrer ein Kinderticket: »So lange musste ich auf den Bus warten!«

»Wie war denn Ihr Urlaub in den Alpen?« – »Leider zu kurz! Ich konnte nicht einmal das Echo abwarten.«

Der Referent für kirchliche Entwicklungshilfe eilt zu seinem Vorgesetzten und meldet: »Bruder Nikodemus aus Niger klagt schon wieder über den dortigen Wassermangel.« – »Das tut er doch in jedem Brief«, sagt der Vorgesetzte. – »Stimmt, aber diesmal ist die Briefmarke mit einer Reißzwecke befestigt.«[102]

Die Judo-Methode

Wer darauf baut, dass alle Mitmenschen höfliche Umgangsformen pflegen, wird zuweilen eine böse Überraschung erleben. Sicher entspricht es einer gängigen E-Strategie, die intellektuellen oder rhetorischen Schwächen eines Gesprächspartners zu übersehen. Doch was ist zu tun, wenn der andere sich an keine Höflichkeitsregel hält, sondern partout mit spitzen Bemerkungen und sarkastischen Fragen auftrumpft? Wer da unflexibel reagiert, muss entweder eine peinliche Bloßstellung in Kauf nehmen oder sich zornig auf einen aggressiven Schlagabtausch einlassen!

Schon vor 30 Jahren beschrieb Paul Watzlawick[103] eine entsprechende Konter-Methode. Sie nimmt sich eine fernöstliche Kampfsportart zum Vorbild: das *Judo*. Hier wird bekanntlich nicht drauflosgeboxt, sondern im Gegenteil versucht, die Angriffskraft des Gegners geschickt zu nutzen. Indem die Zielrichtung des Angriffs bestätigt und verstärkt wird, wird der Gegner zum Verbündeten. Seine Angriffsenergie kann nun für eigene Zwecke genutzt werden.

Übertragen auf das Kommunikationsverhalten funktioniert das so: Die Argumente und Vorwürfe des Gegners werden in übertriebener Weise *inhaltlich akzeptiert*. Dadurch ergibt sich eine paradoxe Situation, in der der Angreifer nicht widersprechen kann, weil er sich sonst selbst widersprechen müsste. Dies sollen einige Beispiele veranschaulichen:

- »Sie sind ein Vollidiot. Man sollte Sie auf den Mond schießen!« – »Meinen Sie nicht, dass der Mars in diesem Fall geeigneter wäre?
- »Sie haben wieder einmal nur Unsinn geredet. Es wird so weit kommen, dass Sie kein Mensch mehr ernst nimmt!« – »Ich kann Ihnen nur Recht geben. Aber meinen Sie nicht, dass man die höheren Säugetiere ebenfalls mit einschließen sollte?«
- »Bei Ihnen war ja gestern Abend der Teufel los!« – »Nicht nur einer – eine ganze Armee!«[104]
- »Haben Sie zugenommen?« – »Ja, kürzlich ist beim Bus sogar die Hinterachse gebrochen.«
- »Sie trinken aber viel!« – »Stimmt, Löwenbräu hat schon Lieferschwierigkeiten.«
- Im engen Flugzeugsitz der Economyclass wird ein Reisender vom Ellenbogen seines Nachbarn bedrängt. Mit einem verbindlichen Schmunzeln raunt er diesem zu: »Wenn Sie

sich mit Ihrem Oberkörper auf meinen Schoß legen würden, hätten Sie es noch viel bequemer!«

- »Sie sehen heute aber schlecht aus!« – »Auf dem Friedhof haben sie schon die Totenglocke für mich geläutet!«
- In der Warteschlange: »Wie schön, dass Sie so dynamisch sind! Sie kommen aber noch schneller voran, wenn Sie richtig in mich eindringen!«
- »Ihre Krawatte ist krumm gebunden!« – »Stimmt, ich wollte mich gerade aufhängen.«
- »Deine Frisur sieht übel aus!« – »Stimmt, normalerweise schmiere ich mir noch Kuhmist in die Haare!«

Auf verbale Auseinandersetzungen bezogen bedeutet das: Die Argumente des Gesprächspartners werden nicht nur bereitwillig akzeptiert, es wird sogar noch etwas »draufgesattelt« – nach der Devise: Wenn ich schon als Bösewicht hingestellt werde, dann will ich aber als ein richtig schlimmer Bösewicht dastehen! So erklärte Waleed A. Salameh einem zwanghaften Ehepaar während einer familientherapeutischen Sitzung:

»Ich verkenne durchaus nicht Ihre erzieherischen Leistungen. Insbesondere bewundere ich, wie tadellos Sie in Ihrer Familie für Zucht und Ordnung sorgen. Allerdings muss ich gestehen, einige Lebensbereiche zu kennen, in denen die Disziplin noch weiter vorangetrieben wurde. Ich denke da zum Beispiel an die Strafkolonie auf der Teufelsinsel. Oder an das Wachsfigurenkabinett. Oder an den Wachwechsel vor dem Buckingham-Palast!«[105]

ÜBUNG

Die Judo-Methode

Im Zwiegespräch wird eine typische Konfliktsituation (aus dem Familienleben, dem beruflichen Alltag usw.) inszeniert. Der Angreifer bringt seine Vorwürfe vor, während der Angegriffene begeistert zustimmt und jeweils hinzufügt: »Das ist unheimlich wichtig für mich, dass du mir das sagst!« Oder: »Jetzt wird mir endlich klar, warum ich sozial so schlecht ankomme!« Nach jeder dieser Affirmationen offenbart der Angegriffene eine weitere »Schwäche«, zum Beispiel: »Wusstest du übrigens, dass ich außerdem nicht richtig buchstabieren kann?«

Gewöhnlich versuchen wir vor den anderen möglichst »gut dazustehen«, was zu einer Kaschierung von Fehlern, Schwächen und Inkompetenzen verleitet. Es entspricht einer verbreiteten E-Strategie, sich möglichst vorteilhaft darzustellen, um nicht aus der Rolle zu fallen. Dabei können wir aber leicht übers Ziel hinausschießen und in eine rechthaberische, unsachliche Imagepflege verfallen. Dadurch verleiten wir den Gesprächspartner jedoch dazu, auf weitere Fehlersuche zu gehen. Wenn wir uns stattdessen begeistert zu unseren (angeblichen) Fehlern bekennen, üben wir uns in ebenjener »liebenswürdigen Demut der Selbstverlachung«, die der Philosoph Friedrich Theodor Vischer als Voraussetzung jeglicher Humorentstehung auswies.

Matthias Nöllke empfiehlt in diesem Zusammenhang die selbstironische *SIHR-Technik*.[106] SIHR steht für die Erwiderung »*S*ie *h*aben *R*echt«. Auch hierzu zwei Beispiele:

- »Könnte es sein, dass Sie ein bisschen zu stark dem Alkohol zusprechen?« – »Sie haben Recht! In meiner Verkommenheit konsumiere ich zudem regelmäßig Heroin und Kokain und inhaliere petrochemische Gase. Das stimuliert die animalischen Abgründe meiner Sinnlichkeit ...«

- »Sie haben aber eine ziemlich verknitterte Krawatte!« – »Ja, Sie haben völlig Recht, außerdem trage ich zerrissene Strümpfe und ungewaschene Unterhemden!«

Der Patient zum Arzt: »Herr Doktor, mein Schielen hat sich verschlimmert. Wenn ich weinen muss, laufen mir jetzt die Tränen schon den Rücken kreuzweise hinunter.«

Fragt der Arzt seinen Patienten: »Haben Sie meinen Rat gegen Schlaflosigkeit befolgt und Schäfchen gezählt?« – »Ja, Herr Doktor. Bis 482 354 bin ich gekommen.« – »Und dann sind Sie eingeschlafen?« – »Nein, dann musste ich aufstehen!«

Die Columbo-Methode

Der TV-Kommissar Columbo lockt sein Gegenüber bekanntlich aufs Glatteis, indem er sich zunächst konsequent »klein macht« und seinen Gegenspieler dadurch in eine scheinbar überlegene Position manövriert. Das erreicht Columbo dadurch, dass er sehr respektvoll und bewundernd über die scheinbar überlegenen Fähigkeiten des Kontrahenten spricht.

Die Columbo-Methode zielt also auf einen *liebevoll ironischen* Umgang mit der Person des Gegners ab. Dazu drei Beispiele:

- *Vorgesetzter:* »Sie arbeiten zu langsam, sind in Ihrer Leistung ineffektiv und außerdem für unsere Firma zu teuer!«

Untergebener: »Danke, Chef, dass Sie in dieser offenen Art zu mir sprechen. Ihr energisches Engagement und Ihre Offenheit rufen in mir die Gewissheit wach, dass ich mich in absehbarer Zeit bessern könnte. Auf jeden Fall spüre ich, dass ich in Ihnen den starken Lehrmeister gefunden habe, nach dem ich mich seit meiner Kindheit gesehnt habe. Ich weiß, dass Ihre Strenge eine Chance für meine Persönlichkeitsentwicklung ist …«

- *Vorgesetzter* (voller Zorn): »Wenn Sie so weitermachen, Sie Vollidiot, fliegen Sie hier raus!«
  Antwort: »Ich bewundere immer wieder die Art, wie Sie so souverän und selbstbewusst mit den Defekten subalterner Leute umgehen! Vor allem schätze ich Ihren gepflegten Stil und Ihre unvergleichlich ausdrucksstarke Mimik, die dem Ganzen eine aristokratische Note verleiht …«
- Die Sekretärin klappert mit dem Kaffeegeschirr. Der Chef schreit: »Können Sie denn nicht etwas leiser sein?« Die Sekretärin (mit verklärtem Blick): »Ich genieße es, wenn starke Männer streng zu mir sind!«

Logischer Widersinn

Wir lösen unsere Beziehungskonflikte häufig so, indem wir Argumente, Rechtfertigungen und Erklärungen einbringen, die vom rationalen Standpunkt besser sein sollen als die des Kontrahenten. Das aber führt schnell zu Machtkämpfen. Wenn wir den anderen Weg gehen und Antworten auf kritische Vorhaltungen einbringen, die von vornherein weniger rational, stichhaltig, logisch usw. sind, können sich leicht verblüffende, humorvolle Effekte einstellen, die einen destruktiven Machtkampf vereiteln. Dies gelingt am leichtesten, wenn wir ein beliebiges Wort aufgreifen, ohne uns auf den logischen Zusammenhang einzustellen. Auch dazu ein Beispiel:

Ein für seine Kritikfreude berüchtigter Mitarbeiter fährt einen Kollegen im Fahrstuhl an: »Ich kann es nicht akzeptieren, dass Sie am *Morgen* zur Teambesprechung erscheinen, ohne die anderen mit Handschlag zu begrüßen!«

»Ich gebe Ihnen da Recht! Der *Morgen* ist ein tägliches Geschenk Gottes.«

»Wie bitte? Ich sagte Ihnen doch, Sie sollten die *anderen* mit Handschlag begrüßen!«

»Oh ja, auch die *anderen* sind ein Teil der Schöpfung, so wie Sie und ich. Wir sollten uns dieses Wunders bewusst werden und uns am Morgen zu einer rituellen Begrüßung der aufgehenden Sonne zusammentun – vielleicht, indem wir einen Kreis bilden, zusammen tanzen und die Hände zum Himmel erheben. Dann sollten wir zusammen ausrufen: ›Wunderbarer Morgen, wir begrüßen dich!‹«

Auch der SPD-Politiker Herbert Wehner bediente sich dieser Technik. Über die Auswirkungen machte er sich offensichtlich keine besonderen Gedanken. Einem Abgeordneten, der erklärt hatte, aus Sachsen-*Anhalt* zu stammen, rief Wehner zu: »Sind Sie denn auch per *Anhalter* gefahren, Sie sehen nämlich so mitgenommen aus?«[107]

Bei einem vornehmen Bankett überkommen einen der anwesenden Herren starke Blähungen. Sosehr er dagegen ankämpft, entfährt ihm schließlich doch ein gewaltiger Rülpser. Ein anderer Herr erhebt sich augenblicklich und herrscht den Übeltäter an: »Wie können Sie es wagen, Ihre Flatulenzen vor meiner Gattin entweichen zu lassen!« Worauf der Angesprochene sich entschuldigt: »Oh, das tut mir sehr Leid. Ich wusste nicht, dass Ihre Gattin den Anfang machen wollte!«

ÜBUNG

Absurde Wortassoziationen

Zwei Dialogpartner unterhalten sich. Die Unterhaltung beginnt mit einer beliebigen Feststellung, zum Beispiel: »Haben Sie schon *gehört*, dass die Benzinpreise wieder steigen?« Hierauf – und auf alle folgenden Äußerungen – wird unter bewusster Nichtbeachtung der logischen Relevanzkriterien geantwortet, indem auf ein beliebiges Wort assoziiert wird, in diesem Fall *hören*: »Ich gebe Ihnen vollkommen Recht, mit zunehmendem Alter fällt einem das *Hören* immer schwerer!« Oder: »Ich wundere mich, dass Sie auf meine Argumente nicht richtig *eingehen*!« – »*Eingehen*, ausgehen ... Die Frage ist doch, wie weit wollen wir überhaupt gehen!«

Als Vorübung bietet sich dieses Arrangement an: Neben den Dialogpartnern agiert ein Dritter, dessen Aufgabe darin besteht, durch Abklatschen jenes Wort zu bestimmen, auf das assoziiert wird. Ein Dialogpartner beginnt etwas Beliebiges zu erzählen. Nach einer Weile wird abgeklatscht und der zweite Partner soll eine eigene Geschichte erzählen, die vom betreffenden Wort ihren Ausgang nimmt.

Absurde Antworten

Jeder hat es schon erlebt: Man rechnet mit nichts Bösem und wie ein Blitz aus heiterem Himmel fährt sie auf uns nieder – die provozierende Bemerkung! Oft fehlen uns dann die Worte. Wir würden gerne schlagfertig kontern, doch die richtige Antwort fällt uns partout nicht ein. So müssen wir uns eben gedemütigt geschlagen geben.

Mangelnde Schlagfertigkeit ist in den meisten Fällen auf das eigene Überbietungsdenken (vgl. S. 37) zurückzuführen.

Wir wollen unbedingt im Bezugsrahmen der E-Strategien kontern, also dem Angreifer eine möglichst geistreiche Antwort geben. Der damit verbundene Gedankenaufwand kostet aber Zeit – und nicht selten fällt uns die »passende Antwort« erst Stunden später ein. (Deshalb wird Schlagfertigkeit zuweilen als das definiert, was einem übermorgen einfällt ...) Wie wäre es deshalb, wenn wir bewusst weniger Aufwand betreiben würden und wir uns auf Antworten einstellen, die in jeder Hinsicht »unvollkommen« sind: *nicht* geistreich, *nicht* logisch, *nicht* vernünftig, *nicht* verständlich usw.? Die Voraussetzung dafür ist, dass wir uns eine Zeit lang auf den Bezugsrahmen unserer K-Strategien reduzieren.

Wie das geht, zeigte schon James Rothschild, das legendäre Finanzgenie, als er in seinem Bankhaus von einem Aristokraten aufgesucht wurde. Rothschild zeigte auf einen Stuhl und sprach: »Bitte, nehmen Sie Platz, ich stehe Ihnen gleich zur Verfügung.« – »Aber, mein Herr«, erwiderte der Besucher, »ich bin der Herzog von M.!« – »Sehr schön, dann nehmen Sie zwei Stühle!«

Wenn wir uns mit möglichst wenig Gedankenaufwand darin üben, Zusammenhänge herzustellen, die ungewöhnlich und unpassend sind, gelangen wir schnell in die Sphäre kindlicher Kreativität. Die Blödeleien von Dada (vgl. S. 105) lassen hier grüßen!

Das unpassende Sprichwort

Eine entsprechende Methode hat die Kommunikationstrainerin Barbara Berckhan beschrieben. Sie empfiehlt, auf einen verbalen Angriff stets mit einem unpassenden Sprichwort zu reagieren, und begründet das so:

»Für Leute, die immer klug, logisch und plausibel sein wollen, ist das unpassende Sprichwort eine große Herausforderung. Wer sehr an den Idealen von Vernunft und Logik klebt, neigt dazu, unbedingt intelligent antworten zu wollen [...] Die gute Nachricht: Wenn jemand Sie angreift, müssen Sie nicht logisch und geistreich antworten. Sie dürfen auch grotesk und bizarr antworten.«[108]

Hier zwei Beispiele:

- »Was haben Sie denn für Flausen im Kopf? Normalerweise sind Sie doch einigermaßen intelligent.« – »Nun, wie heißt es so schön: Morgenstund hat Gold im Mund.«
- »Sie wollen sich doch nur wichtig machen.« – »Wie meine Großmutter schon sagte: Die Mücke fliegt so lange ums Licht, bis sie verbrennt.«

Eine Variante dieser Methode ist die Verwendung von verballhornten Sprichwörtern (s. S. 186). Sie lehnt sich an die Praxis des Zen (vgl. S. 114) an, die Logik des Alltagsdenkens durch widersinnige Aussagen auszuhebeln. Hierzu ebenfalls zwei Beispiele:

- »Wo kleiden Sie sich denn ein? Im Supermarkt?« – »Wer im Glashaus sitzt, sollte nicht mit dem Zaunpfahl winken.«
- »Bewegen wir uns noch auf Ihrem Niveau oder sind wir Ihnen schon zu hoch?« – »Der Krug geht so lange zum Brunnen, bis er sich übergibt.«

Biologische Funktionen und antiquierte Berufsbezeichnungen

Diese Methode geht nach dem Prinzip der *Kontra-Assoziation* (vgl. S. 102) vor. Es werden Elemente miteinander in Zusammenhang gebracht, die nicht zueinander passen, in diesem Fall völlig beliebige Funktionen des Körpers und Berufsbezeichnungen, die möglichst abwegig sein sollten, wie zum Beispiel Administrator, Concierge, Kantor, Kastellan, Kondukteur, Kurator, Landjäger, Pedell, Physikus, Präzeptor. Zweck dieser Übung ist, einen komischen und verblüffenden Effekt beim Gesprächspartner hervorzurufen. (Nachfragen sollten nicht dazu führen, dieses Prinzip zu erklären beziehungsweise zu rechtfertigen. Dies würde den verblüffenden Effekt aufheben!)

Dazu ein Beispiel:

Eine sehr attraktive Sekretärin litt darunter, dass sie von einigen ihrer männlichen Kollegen durch anzügliche Bemerkungen belästigt wurde. Dies änderte sich schlagartig, als die junge Frau konsequent damit begann, diese Methode anzuwenden. So konterte sie bei verschiedenen Gelegenheiten:

- »Heute sehen Sie aber richtig scharf aus. Geradezu zum Anbeißen!« – »Wunderbar transpiriert, Herr Kapellmeister!«
- »Darf ich Sie heute Abend zu einem gemeinsamen Bad in meinem neuen Whirlpool einladen?« – »Einwandfreier Fettstoffwechsel, Herr Kantor!«
- »Verwenden Sie auch Silikon?« – »Beneidenswerte Atemkapazität, lieber Commis!«

ÜBUNG

Absurde Antworten finden

Schauen Sie sich nochmal das Cartoon an, das auf Seite 123 abgebildet ist. Welche möglichst absurde Antwort könnte die Eisläuferin geben? Hier einige Möglichkeiten

- »Ich präpariere gerade die Curlingbahn!«
- »Ich prüfe die Konsistenz meiner Unterwäsche!«
- »Ich versuche den Juckreiz unter meiner linken Schulter loszuwerden!«

Tauschen Sie sich auch mit anderen aus. Sie werden sehen, dass eine Humorreaktion (Erheiterung, Schmunzeln, Lachen) am ehesten dann erfolgt, wenn die Antworten besonders absurd ausfallen!

Anhang

Plädoyer für den Humor – ein Briefwechsel von und mit Inge Patsch

Lieber Ernst,

unsere letzte Begegnung hat mich nachdenklich gemacht. Der ganz normale Alltagsfrust war dir ins Gesicht geschrieben und von deiner unbeschwerten Fröhlichkeit war keine Spur zu sehen. Dein Beruf als Schauspieler, mit dem du so vielen Menschen Humor und Heiterkeit vermittelt hast, erfüllt dich nicht mehr. Die Regisseure proben jedes Stück so lange, bis auch den inbrünstigsten Schauspielern der letzte Rest von Begeisterung verloren gegangen ist, hast du erzählt.

Von den äußeren Bedingungen hast du dich früher doch auch nicht anstecken lassen. Was ist nur mit dir geschehen? Wo hast du deine Lebensfreude und Fröhlichkeit gelassen?

Ich habe das Gefühl, du gehst mit dem Zeitgeist: Je mehr man jammert, umso mehr gehört man dazu ...

Aufgrund meiner Operation und der langen Zeit, in der ich nichts tun konnte (außer liegen), haben wir uns aus den Augen verloren. Gerne möchte ich mich mit dir treffen und auf einen Nachmittag mit »open end« habe ich große Lust. Ich möchte diese Zeit – falls du überhaupt Lust hast – nicht mit Erklärungen, Entschuldigungen und schon gar nicht mit Rechtfertigungen verbringen.

Ich würde dich gerne sehen – ohne komische Absicht und ohne hinterlistige Zwecke.

Lieben Gruß,

Inge

Liebe Inge,

als ich deinen Brief bekam, habe ich mich gefreut und geärgert zugleich. Gefreut habe ich mich, dass ich dir nicht egal bin. Geärgert habe ich mich, dass du noch immer an deinem »Weltverbesserungswahn« festhältst. Hörst du eigentlich keine Nachrichten? Weißt du nicht, was in der Welt los ist? In der heutigen Welt gibt es nichts zu lachen. Ich fände es klüger, wenn man sich auf der Allee des Ernstes fortbewegt, als in der Sackgasse des Humors landet. Ich bin einfach realistisch und derzeit gibt es halt nichts zu lachen auf der Welt. Aber es wird schon wieder besser werden. Interessieren würde mich nur, was für dich eigentlich Humor ist?

Wenn du magst, schreib mir, nützen wird es nichts.

Ernst

Lieber Ernst,

es mag sein, dass ich eine Art von Weltverbesserungswahn lebe, doch wie mir scheint, hast du dich vom Weltverbitterungswahn anstecken lassen.

Du möchtest wissen, was für mich Humor ist. Im Duden steht: »Humor ist die Gabe eines Menschen, die Unzulänglichkeit der Welt und der Menschen, den Schwierigkeiten und Missgeschicken des Alltags mit heiterer Gelassenheit zu begegnen.« Klingt gelehrt – nur ich möchte nicht belehren. Für mich persönlich kommt jene Art von Humor, die ich mit einer heiteren Gelassenheit verbinde, in einem Buchtitel von Viktor Frankl zum Ausdruck: *... trotzdem Ja zum Leben sagen.* Diese Einstellung ist für mich lebensbestimmend geworden.

Natürlich lese ich Zeitungen, auch wenn sie keine positiven Schlagzeilen wagen, hin und wieder sehe ich auch Nachrichten im Fernsehen, trotz der Schreckensbilder. Doch ich trotze der anerzogenen Lust zum Unglücklichsein und der Feststellung, dass das Leben eben schwer ist und man dagegen nichts machen kann. Die Kostbarkeit meines Lebens ist Grund genug, dass ich die Stimmung der Verbitterung und Verzweiflung nicht permanent zulasse. Dabei hilft mir wesentlich der Frankl'sche Gedanke »Ich muss mir von mir nicht alles gefallen lassen.«.

Die Logotherapie Frankls wurde sozusagen zum Stimmgerät für meine verstimmten Lebenssaiten. Du kannst dich sicher erinnern, dass ich die Saiten des ewigen Jammers und der anklagenden Forderung ziemlich oft gespielt habe. Vielleicht kannst du dich auch erinnern, wie das Spiel mit den beiden Saiten geklungen hat: langweilig und nervtötend.

Das Umstimmen dieser Saiten war schwierig. Mein Bemühen, das Spiel des Jammers in ein Spiel der Lebensfreude zu verwandeln, misslang immer wieder. Der Grund des Misslingens lag daran, dass ich glaubte, ich könnte mit den Jammersaiten Fröhlichkeit spielen. Die e-Moll-Stimmung lässt sich nicht so einfach in H-Dur transponieren. Erst als ich entdeckte, dass ich immer nur zwei Saiten spiele, obwohl ich mindestens sechs zur Verfügung habe, veränderte sich etwas. Da verwandelte sich die »Entweder-oder-Stimmung« in die »Sowohl-als-auch-Stimmung«. Die Gitarre bietet mir sechs Möglichkeiten. Ich kann Dur oder Moll spielen: Es kommt darauf an, welche Saiten ich anschlage. Das Leben bietet wesentlich mehr als sechs Möglichkeiten. Im therapeutischen Humor hilft die Einstellung des »Weniger-desselben-Prinzips«. Das bedeutet, ich greife nicht immer wieder auf die alten Lebensmuster zurück.

Hast du dir schon mal Gedanken gemacht, welches Stimmgerät du zum Stimmen deiner Lebenssaiten verwendest?

Könnte es sein, dass du deine Lebenssaiten von anderen stimmen lässt? Die stimmen deine Saiten, wie es ihnen gefällt, und du wunderst dich, dass deine Saiten im Missklang sind?

Ich kann dir nicht sagen, was dir hilft, deine Saiten zu stimmen – ich kann dir nur erzählen, was mir geholfen hat, dass ich meine Saiten zum Klingen bringe. Ich kenne auch praktische Tipps und humorvolle Anregungen. Sollten sie dich interessieren, lass es mich wissen.

Ich wünsche dir eine gute Stimmung,

Inge

Liebe Inge,

die Idee mit den Lebenssaiten gefällt mir nicht so schlecht, aber viel wird so eine Stimmungsveränderung nicht bewirken. Deshalb wird ja die Welt nicht besser, die Menschen werden nicht gescheiter und mir geht es auch nicht besser.

Letzte Woche hatten wir Premiere von Oscar Wildes *Bunbury oder Ernst sein ist wichtig*. Ich bekam Szenenapplaus und das Publikum hat viel gelacht. Nach der Premierenfeier ermahnte mich der Regisseur eindringlich: »Spiel bitte so, dass die Leute am Ende der Vorstellung applaudieren und nicht mittendrin. Außerdem, man kann die Szene auch so spielen, dass nicht das ganze Theater lacht.« Wenn ich nicht ganz sicher gewesen wäre, dass der Regisseur keinen Humor hat, dann hätte ich laut gelacht! In der besagten Szene habe ich zu sagen: »Ich habe diese geistreichen Gespräche gründlich satt. Heutzutage ist jeder geistreich. Ich wünsche mir oft, es gäbe noch ein paar Dummköpfe auf der Welt.«

Aufgrund meiner Gestik haben die Zuschauer gelacht und ich habe mich gefreut. Jetzt ist meine Freude weg, ich ärgere mich über den Regisseur. Diese Stimmung versaut mir jeden Abend. Ich gehe am Abend mit einer schlechten Laune ins Theater, die Augen streng aufs Honorar gerichtet. Die Leute haben aufgehört zu lachen, der Schlussapplaus dauert auch nicht länger, obwohl ich so spiele, dass mittendrin nicht applaudiert wird.

Wozu soll ich meine Lebenssaiten stimmen, wenn ich sie doch nicht spielen kann?

Ich bin neugierig, was dir jetzt einfällt, um mich zu belehren, dass ich die Dur-Tonarten wieder spielen sollte, und nicht nur Moll.

Ich grüße dich in e-Moll,

Ernst

Lieber Ernst,

vor allem herzlichen Glückwunsch zur gelungenen Premiere. Die Kritik war ja hervorragend. Nur offen gesagt: Ich verstehe dich nicht. Bist du von allen guten Geistern verlassen? Ist dir eigentlich bewusst, wessen Saiten du zum Klingen bringst? Ich habe verstanden, dass der gute Regisseur seine Lebenssaiten auf Frust und Tragik gestimmt hat – und obendrein möchte er dem Publikum das spontane Lachen verbieten und ihm vorschreiben, wann es klatschen darf. Wenn für ihn der Lustgewinn aus Frust besteht, heißt das noch lange nicht, dass das für alle gilt. Stimm *deine* Saiten und spiel! Spiel so, dass das Publikum etwas zu lachen hat. Anschließend gehen sie sowieso nach Hause und da vergeht den meisten das Lachen.

Du hast mir am Telefon gesagt, dass der Regisseur ein Gesundheitsfanatiker ist. Falls du es noch nicht weißt, die Fanatiker tragen die Humorlosigkeit als Vereinsabzeichen. Den kannst du nicht belehren, aber lass *du* dich auch nicht von ihm beeinflussen, sondern tu etwas! Spiel die Rolle so, wie sie dich begeistert. Spiel und lass dich vom Text in seinen Bann ziehen. Mute dem Regisseur deine Lebendigkeit zu und verwehre dem Publikum nicht das Lachen.

Es gibt jede Menge guter Texte zum Humor. Humorforscher haben wissenschaftlich belegt, welche Auswirkungen das Lachen hat. Ich befürchte, deinen Regisseur wird auch die Gelotologie (Lachforschung) nicht überzeugen, weil er nach seinen gewohnten Fakten sucht und sofort ein Argument griffbereit hat, dass Lachen nichts bringt. Seine Fakten entsprechen dem Zweck der Welt und nicht dem Sinn des Lebens. Er erinnert mich an einen Wissensriesen mir Zwergengemüt.

Weißt du, wie er mir vorkommt? Wie die alte Dame, die in die Apotheke geht und fragt:

»Haben Sie Abitur?«

»Ja!«

»Und studiert?«

»Selbstverständlich!«

»Und promoviert?«

»Aber ja!«

»Mit Auszeichnung?«

»Auch das!«

»Gut, dann bitte einmal Kamillentee!«

Dein Regisseur würde mit humorvollen Menschen einen ganzen Abend verbringen und sie befragen, wo sie das gelernt hätten usw., und dann würde er aus Anstand fragen, ob sie ihm vielleicht einen Witz erzählen könnten, den er sich merken kann, um bei anderen als humorvoll zu gelten.

Den Regisseur kannst du nicht ändern. Wenn er in seinem Leben die Frustration zum Lebensmotto macht, ist das seine Sache. Ich kann dich nur daran erinnern, wie gerne du früher gelacht hast, wie fröhlich du warst und wie wohl sich die Menschen in deiner Gesellschaft gefühlt haben. Ich bin sicher, dass gute Laune genauso ansteckend ist wie schlechte. Dumm ist nur, dass die meisten Leute schlecht gelaunt sind und dadurch die Ansteckungsgefahr mit guter Laune relativ schwierig ist. Also bitte, dann tu wenigstens du als Schauspieler etwas dafür, dass Leute mit einer guten Laune aus dem Theater gehen!

Ich freue mich schon sehr, dass ich dich wieder auf der Bühne sehe. Du kannst sicher sein, dass ich mir nicht verbieten lasse zu lachen.

Und vergiss nicht: Wut braucht Mut und Humor!

Inge

PS: Vergiss nicht den Gedanken Frankls: »Ich muss mir von mir nicht alles gefallen lassen.« Also lass dir die schlechte Laune von dir – und auch von anderen – nicht gefallen.

Liebe Inge,

du hast es doch glatt geschafft, mich zum Lachen zu bringen. Deinen Brief brachte mir meine Frau gerade, als ich zum Theater wollte. Ich war zu faul, am Morgen zum Postkasten zu gehen. Du hast mich an etwas erinnert, was in mir schlummert. Ich bin ganz schön wütend geworden, vor allem auf mich selbst. Du hast Recht, ich habe anderen erlaubt, dass sie meine Lebenssaiten stimmen – und dann mit mir spielen.

Ich glaube, ich weiß jetzt, was du mit Humor meinst: Der Humor ist das spielerische WIE. Wie ich mit mir umgehe, wie ich mit meiner Familie rede, wie ich meinen Beruf ausübe, ganz einfach, wie ich lebe. In heiterer Gelassenheit oder verbitterter Verbissenheit.

Nun, es war gar nicht so leicht, den Text – der sich von den Worten ja nicht verändert hat – anders zu spielen. Schwierig war, mich von der geforderten Absicht »kein Szenenapplaus« zu befreien. Als ich die ersten zaghaften Lacher im Publikum hörte, überwand ich meine Zweifel und legte los. Eine Kollegin habe ich durcheinander gebracht, sie hat ihren Text nicht mehr gewusst und musste improvisieren. Es war herrlich! Anschließend saßen wir zusammen und haben gefeiert, erzählt und viel gelacht. Der Regisseur hat nur irgendetwas von Folgen gemurmelt, dann ist er grußlos gegangen. Auf einmal hat mich seine schlechte Laune nicht gestört und Angst vor den Folgen habe ich auch nicht gehabt.

Meine Kollegen haben mich gefragt, woher auf einmal meine gute Laune kommt. Dann habe ich ihnen von dir erzählt und jetzt wollen sie wissen, wie sie Humor üben können. Du hast einmal von einem Humortraining was gesagt. Bitte schreib mir drüber.

Wenn du lachen willst, komm ins Theater!

Ernst

Lieber Ernst,

ich freue mich und habe ganz laut »JA« geschrien, als ich deinen Brief gelesen hab. Worauf ich gespannt bin, ist, wie lange der Regisseur seine schlechte Laune aushält, wenn sein Ensemble fröhlich ist.

Dein Interesse am Humortraining freut mich sehr. Es geht nicht darum, bestimmte Techniken und Methoden zu lernen, das könnt ihr Schauspieler ohnehin perfekt. Wesentlich ist, das eigene Kind, das in dir schlummert, zu entdecken. Wie du weißt, sind Kinder nicht nur lustig, sondern sie leben ihre Traurigkeit und einige Zeit später sind sie wieder fröhlich. Die emotionalen Fähigkeiten eines Kindes zu leben, das ist eine Kunst. Leben in heiterer Gelassenheit ist auch eine Kunst. Zum Lernen dieser Lebenskunst braucht es so etwas wie Gehhilfen. Orthesen werden in der Medizin verwendet, um körperliche Ausfälle auszugleichen. Hier einige Hum-OR-THESEN, um seelische Ausfälle auszugleichen:

Probieren statt funktionieren

Bevor du Argumente suchst, warum es keinen Sinn hat, heiter und fröhlich zu sein: Probier es aus! So, wie du versucht hast, deine Rolle nach deinem Empfinden zu spielen, so wachsen deine Kreativität und deine innere Fröhlichkeit. Die Erfahrungen, die du machst, werden dein Selbstvertrauen stärken.

Agieren statt lamentieren
Sammle deine Energie für deinen Mut zum Tun und erwarte nicht, dass du sofort Anerkennung und Zuwendung von anderen bekommst. Dir wird viel Misstrauen begegnen, da wir in einer Zeit leben, in der man sich verdächtig macht, wenn man fröhlich ist. Agieren bedeutet: das eigene Leben verantworten, die Realität wahrnehmen und sich trotzdem von seinem Tun nicht abbringen lassen. Mach dein Tun nicht abhängig vom Lob der anderen.

Motivieren statt manipulieren
Anstatt deinen Regisseur mithilfe der Trickkiste der Belehrung zu überzeugen, dass er falsch liegt, lebe deine Freude! Zeige deine Begeisterung und lebe deine Überzeugung.

Mach's gut!

Lieben Gruß,

Inge

Liebe Inge,
ich wundere mich über mich selbst und über meine Stimmungsveränderung. Es ist, als ob das innere Tief abgezogen wäre und ein Hoch sich ausbreitet.

Vorgestern habe ich nicht gewartet, bis meine Frau nach Hause kommt und mir die Post bringt. Ich habe die drei Stockwerke höchstpersönlich bewältigt, gesungen habe ich auch dabei. Die Nachbarin hat mich strafend angeschaut, aber die schaut auch strafend, wenn ich nicht singe.

Wichtig für mich ist, dass ich die zweite Hum-OR-THESE nicht vergesse. Das Probieren ist nicht das Schwierigste. Schwierig ist, dass ich das Gefühl habe, ich bin ein Außenseiter. Du hattest Recht: Mit dem »Ja, ABER« bekam ich jede Menge Argumente zu hören, dass Humor nicht funktioniert. Die Gefahr, zu lamentieren und das »Ja, ABER« zu füttern, ist groß. Ich spüre auch, wie sehr ich vom Lob und von der Anerkennung der anderen abhängig bin. Auf den Einwand, ob ich auf einmal anspruchsvoll sei, fiel mir bislang nichts anderes ein, als mich zu rechtfertigen. Während ich meine gewohnte Verteidigungsrede hielt, erinnerte ich mich an das, was du mir am Telefon gesagt hast: »Gewohnheiten sind wie Staub.« Während ich mich bemühe, die eine Seite vom Staub zu befreien, legt er sich auf eine andere Seite. Das Entstauben ist wohl das, was du mit dem Agieren meinst. Anstatt zu jammern, dass es staubig ist – den Staubsauger holen und saugen. Wenn ich nur die »Ja, ABER« einsaugen könnte! Dann wäre es nicht so mühsam.

Hast du eigentlich für »Ja-ABER«-Typen auch eine Hum-OR-THESE? Ich meine, gibt es nichts, was die anderen überzeugt, dass sie sich bemühen, das »Ja, ABER« wegzulassen?

Allein ist das Projekt Humor und gute Laune schon eine schwierige Sache.

Ernst

Lieber Ernst,

um gleich ganz praktisch zu antworten: Falls du noch einmal gefragt wirst, ob du anspruchsvoll bist: Antworte nicht, *frage*! Auf die Frage »Bist du anspruchsvoll?« stelle also die Frage: »Wäre es dir lieber, ich wäre anspruchslos?«

Versuche dich mit dieser Frage nicht zu verteidigen, sondern bringe deine gute Laune in deiner Stimme und deiner Körpersprache zum Ausdruck. Das Wohlwollen wird nonverbal spürbar: »Ich weiß nicht besser, was für dich richtig ist. Nur du weißt es auch für mich nicht.« Dieses Wohlwollen ist keine Strategie für versteckte Menschenverachtung, sondern bedeutet: Ich respektiere deine Sichtweise.

Überzeugungsarbeit für eingefleischte »Ja-ABER«-Geister erinnert mich an Sisyphus. Da wälzt man mühevoll den Stein des »Warum nicht?« – und schon befördert das nächste »Ja, ABER« das Argument in den Abgrund! Verschwende nicht zu viel Energie in die Überzeugungsarbeit.

Distanzieren statt konfrontieren

Nörgler, Jammerer und Griesgrämige haben selten ein Gefühl für menschliche Distanz, sie kommen einem körperlich zu nahe. Distanziere dich, ziehe dich zurück und vergiss nicht, dass dir nicht jeder etwas zu sagen hat. Belehren ist out. Das gilt für beide Seiten.

Reduzieren statt moralisieren

Weniger ist mehr – so das Grundprinzip des Humors, und das ist mit Reduktion gemeint. Bestätige den »Ja-ABER«-Menschen in seinem Pessimismus: »Du hast Recht. Die Welt ist schlecht, die Menschen auch und eigentlich bringt es nichts, etwas für die eigene gute Laune zu tun.« Wahrscheinlich wird er sich wundern, er erwartet ja dein optimistisches Plädoyer.

Provozieren statt argumentieren
Pro-vocare ist lateinisch und bedeutet heraus-, hervorrufen. Die eigene innere Haltung bestimmt die Provokanz. Provoziere ich, um zu vermitteln, dass ich Recht habe? Oder provoziere ich, weil ich die Fähigkeiten, die im anderen schlummern, erahne? Bei dieser Hum-OR-THESE kommt es wesentlich auf die Einstellung an. »Ich kann mir gar nicht vorstellen, wie du ohne Jammern und Nörgeln leben könntest. Für dich ist eine gute Laune nicht erstrebenswert, da du die Griesgrämigkeit beruflich einsetzt.«

Ich will nicht verschweigen, dass nicht alle einverstanden sein werden, wenn du deinen eigenen Weg gehst. Den Rahmen der Gesellschaft halten das Bild der Leistung und das Streben nach Macht zusammen. Wenn du es wagst, aus diesem Rahmen zu fallen, wirst du mit etlichen Hindernissen rechnen müssen und du wirst auch einsame Stunden erleben. Diese Zeiten sind nicht lustig. Es sind Zeiten, in denen der Humor Urlaub macht. Der Humor ist ein eigenwilliger Freund. Er freut sich über deine Einladung, bleibt still in einer Ecke sitzen und drängt sich nicht auf. Sobald er spürt, dass er gefragt ist, inspiriert er jede und jeden. Wird er spielerisch eingesetzt, ist er kaum zu bremsen. Versucht man ihn als Zeigefinger der Moral zu verwenden, lächelt er gequält. Das oberflächliche »fishing for compliments« entlarvt er schnell und verschwindet dann in die tiefen Gründe.

Sobald man den Humor für versteckte Absichten benutzt, entzieht er sich. Die heitere Gelassenheit und die spielerische Leichtigkeit entfernen sich. Viele Menschen nehmen dann eine Unruhe wahr, sie fühlen sich nicht mehr wohl in ihrer Haut. Die Gleichgültigkeit und die Langeweile treten an die Stelle von Lebendigkeit und Lebensfreude. Die komische

Schwerfälligkeit und der zwanghafte Zweck breiten sich aus. Du hast diesen Unterschied bei deinem Theaterstück hautnah erlebt und die Zuschauer haben die Wirkung gespürt.

Um zu schildern, was mit dem Humor alles möglich wird, reichen Worte nicht aus. Vor allem Fakten und Statistiken, Tatsachen und Strategien sind nicht mit Humor gesegnet. Es ist fast unmöglich, ein Gesetz oder ein Verbot auf humorvolle Art und Weise schriftlich festzuhalten.

Stell dir eine kleine Truhe vor: Sie hat einen Boden, einen Deckel und vier seitliche Flächen – also sechs Seiten. Sehen kannst du höchstens drei Seiten. Den Boden siehst du nur, wenn du die Truhe aufhebst und hochhältst. Die anderen Seitenteile, die für dein Gegenüber sichtbar sind, siehst du nur, wenn du aufstehst oder die Truhe umdrehst. Das bedeutet, weder du noch dein Gegenüber sieh(s)t alles. Blöd ist nur, wenn wir verlangen, dass wir alles sehen müssten. Überall wird heute von Ganzheit gesprochen. Der Anspruch, das Ganze auf einmal in den Blick zu bekommen, ist eine Überforderung. Es fügt sich zusammen, wenn zum Beispiel Regisseur und Schauspieler die jeweilige Sichtweise anerkennen und darin das Ganze wahrnehmen.

Du kannst das auch mit einem Würfel machen. Wenn du die Zahl 1 siehst, sieht dein Gegenüber 6, sieht dein Gegenüber 3, siehst du 4. Ihr seht nie die gleichen Zahlen, außer jener, die oben zu sehen ist. Das Ganze ergibt immer 7, doch dieses Ganze siehst du einfach nicht. Es ist räumlich nicht möglich.

Die Humorkiste schaut so aus:

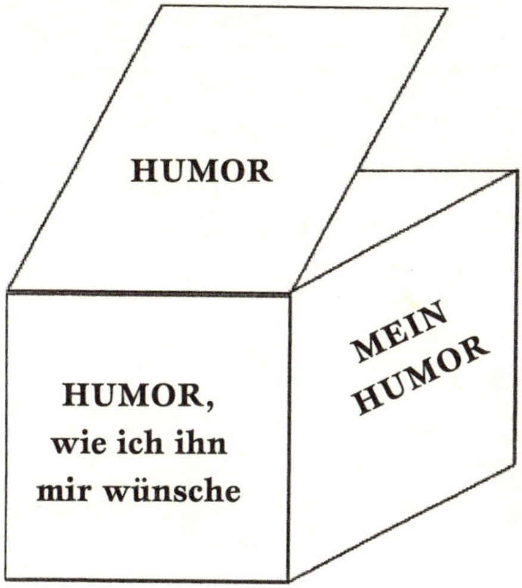

Nicht überall, wo Humor draufsteht, ist Humor drin! Das liegt nicht daran, dass andere humorlos sind – zugegeben, das gibt es auch –, sondern daran, dass zum Beispiel dein Regisseur eine andere Vorstellung von Humor hat. Er will den Humor »verzwecken«. Er sucht eine Strategie, um bei den anderen anzukommen, und weil es derzeit »in« ist, nehmen wir den Humor. Keine Strategie kann jemals das verloren gegangene Gefühl ersetzen.

Ingeborg Bachmann erkannte, dass wir »im Spiel des Möglichen mit dem Unmöglichen unsere Möglichkeiten erweitern«. So wünsche ich dir von Herzen, dass du deine spielerischen Möglichkeiten im »Unmöglichsein« erweiterst.

Bis bald,

Inge

Nachwort

Ich freue mich über Ihr Interesse am Nachwort. In neuen Büchern fange ich auch hinten an, um vorwärts zu kommen.

Wie ist eigentlich Ihre Vorstellung von Humor? Hauptsache, Spaß haben und lachen? Oder denken Sie an jene heitere Gelassenheit, die es einem ermöglicht, mit Schwierigkeiten fertig zu werden?

Vor kurzem leitete ich einen Workshop zu humorvoller Stressbewältigung. Einige hofften begierig auf viel Handwerkszeug in möglichst kurzer Zeit. »Was tue ich, wenn ich nicht mehr kann? Ich brauche eine schnelle Methode, dass ich wieder fit bin.« – »Es ist ja bewiesen, dass durch das Lachen Endorphine frei werden und sich dadurch Wohlbefinden einstellt. Also, wie geht das?«

»Wenn ich lachen soll, muss mir schon jemand einen Witz erzählen«, hat Viktor Frankl einmal gesagt. Ich brauche einen Grund. Gründe zum Lachen gibt es im Alltag genug. Doch man hört am Lachen, wenn der Spaß aufhört. Die Grenzen dessen, was als Spaß gemeint ist und wo dieser aufhört, sind fließend. Schließlich will niemand als humorlos gelten und so finden Opfer übler Streiche selten den Mut, sich zu beschweren. Für Humor gilt: Das Zulässige vom Unzumutbaren und die Menschenwürde von der Menschenverachtung sind zu trennen. Spaß ergibt sich nur dann, wenn das Lachen von Herzen kommt und nicht auf Kosten anderer geht.

Auf der anderen Seite erzürnt Fanatiker nichts sosehr wie das Lächerlich-Machen dessen, was doch »heilig« ist. Fanatismus lebt vom Pathos, große Worte werden verehrt – Humor und Witz bringen ihn zur Raserei. »Der Humor hat auszugraben, was das Pathos verschüttet hat«, meinte Stanislaw Jerzy Lec. In der Begegnung mit Fanatikern, die nach strengen Normen und Regeln leben, ist es einen Versuch wert, Humor auszuprobieren.

Die Echtheit des Humors erkennt man übrigens daran, wie sehr man über seinen eigenen Humor lachen kann. Viel Freude beim Entdecken Ihres eigenen Humors wünscht Ihnen

Inge Patsch

Anmerkungen

1 www.prpress.com/books/humbcon.html
2 Weitere Angaben zu Dr. Waleed A. Salameh finden Sie unter www.humor.ch/salameh/menusalameh.htm
3 Persönliche Mitteilung vom 20. Februar 1976
4 Søren Kierkegaard: *Über den Begriff der Ironie*, Gütersloh 1984, S. 333
5 Carl von Clausewitz: *Vom Kriege*, Augsburg 1990
6 www.humorcare.com
7 Nach Günther H. Ruddies: *Vergnügliche Seelenkunde*, München 1983, S. 31
8 George Herbert Mead: *Mind, Self and Society*, Chicago 1971, S. 159
9 Heinz Herald: *Max Reinhardt*, Reinbek 1953, S. 95
10 Heiko Ernst: »Intuition – Können wir unserem Bauchgefühl vertrauen?«, in: *Psychologie heute*, März 2003, S. 21
11 Der Sufismus ist ein mystischer Zweig des Islam, der die strengen Gesetze des Korans oft humorvoll relativiert. Die Geschichten des Mullah Nasrudin dienen den Sufi-Meistern, ihren Schülern die Augen für das Wesentliche zu öffnen. (Idries Shah: *Die fabelhaften Heldentaten des vollendeten Narren und Meisters Mulla Nasrudin*, Freiburg 1991)
12 Nach John Allen Paulos: *Ich lache, also bin ich,* Campus Verlag, Frankfurt/M., New York 1991, S. 97 f.
13 Natürlich gibt es diese Strategien nicht »in Reinkultur«. Häufig werden Strategien, die einander ähnlich sind, miteinander vermischt. Vgl. dazu Michael Titze u. Horst Gröner: *Was bin ich für ein Mensch?*, Freiburg 1989, S. 129 ff.
14 Nach Eike Ch. Hirsch: *Der Witzableiter*, Hamburg 1987, S. 153
15 *Die Schule wird von einem Reaktor geleitet. Professor Mammuts*

neueste Stilblüten, © 1998 Deutscher Taschenbuch Verlag, München 1985, S. 102

16 Viktor E. Frankl: *Ärztliche Seelsorge*, Frankfurt/M., 7. Aufl. 1998, S. 104

17 Oliver James: *Britain on the Couch*, London, 3. Aufl. 1998

18 Diese Anregungen sind teilweise angelehnt an Dan Greenburg: *How to Make Yourself Miserable*, New York 1966, S. 52 ff.

19 Richard Sennett: *Der flexible Mensch*, Berlin 1998

20 Sigmund Freud: »Der Witz und seine Beziehung zum Unbewussten«, in: *Studienausgabe, Band IV*, Frankfurt/M. 1982

21 *Das kleine CHRISTIAN MORGENSTERN BUCH*, München 1988

22 Horst W. Opaschowski: *Feierabend?*, Opladen 1998

23 Eine einfache Reduktionsübung ist der »Gedanken-Stopp«: Sobald der Gedankenfluss ausufert, soll die einfache Affirmation *Stopp* (die nach Bedarf wiederholt wird) Einhalt gebieten.

24 Nach Marco Aldinger: *Bewusstseinserheiterung*, Freiburg 1998, S. 63

25 Nach Peter Köhler (Hrsg.): *Das Anekdoten-Buch*, Stuttgart 2001, S. 129

26 Ursula Nuber: »Dankbarkeit, der Schlüssel zur Zufriedenheit«, in: *Psychologie heute*, November 2003, S. 20 f.

27 Peter Ustinov: *Geflügelte Worte*, München 2001, S. 91

28 Hannelore Hippe: »Leben mit einem Augenzwinkern. Warum unsere Gesellschaft exzentrische Menschen braucht«, in: *Psychologie heute*, Mai 2001, S. 32–37

29 Waleed A. Salameh: »The Magnificent Seven: A Phenomenological Exploration of Seven Humor-Friendly Personality Traits«, in: *Humor & Health Journal*, IX, 4, 2000, S. 6

30 Viktor E. Frankl: *Ärztliche Seelsorge*, a.a.O., S. 113

31 Vgl. Walter B. Cannon: *The Wisdom of the Body*, New York 1963

32 Zumeist werden dabei *Weil-Begründungen* (vgl. S. 69) verwendet, zum Beispiel: »Ich bin zu spät zur Arbeit gekommen, *weil* es einen Verkehrsstau gab ...«

33 Nach Bodo Pack: *Schlag zurück!*, Norderstedt 2001, S. 34

34 G.J. Manaster, *Alfred Adler: As We Remember Him*, Chicago 1977

35 Karl Lenzberg: »Über Witz und Humor«, in: *Internationale Zeitschrift für Individualpsychologie*, 8, 1930, S. 188

36 Nach Eberhard Puntsch: *Witze, Fabeln, Anekdoten*, Augsburg 1990, S. 354

37 Nach Günther H. Ruddies: *Vergnügliche Seelenkunde*, a.a.O., S. 43

38 Matthias Pöhm: *Nicht auf den Mund gefallen*, Landsberg 1999, S. 74
39 Nach Karsten Bredemeier: *Provokative Rhetorik?*, München 2001, S. 172
40 Waleed A. Salameh: »The Power of ›It doesn't matter‹«, in: *Humor & Health Journal*, IX, 2, 2000, S. 5
41 Weitere Floskeln sind: »Als einfacher Mensch muss ich Sie mal direkt fragen ...«, »Ich kann Ihnen nur folgen, wenn Sie in anschaulichen Bildern zu mir sprechen, deshalb muss ich noch mal nachfragen ...«, »Mein Bildungsstand ist noch im Aufbau begriffen, deshalb darf ich nachfragen ...«, »Ich bin auf dem Lande aufgewachsen ...«
42 Rolf H. Ruhleder: *Rhetorik, Kinesik, Dialektik, Redegewandtheit, Körpersprache, Überzeugungskunst*, Bonn 1990, S. 256
43 Nach Eike Ch. Hirsch: *Der Witzableiter*, a.a.O., S. 92
44 Dieter Zittlau: *Schlagfertig kontern in jeder Situation*, München 2000, S. 54
45 Matthias Nöllke: *Schlagfertigkeit*, Freiburg 2002, S. 88 ff.
46 Nach Salcia Landmann: *Jüdische Witze*, München 1963
47 Matthias Pöhm: *Das Non-Plus-Ultra der Schlagfertigkeit*, Landsberg 2002, S. 94 f.
48 Jürgen Wippich u. Ingrid Derra-Wippich: *Frank Farrelly*, Konstanz 1991, S. 23
49 Nach Peter Köhler (Hrsg.): *Das Anekdoten-Buch*, a.a.O., S. 141
50 Matthias Pöhm: *Nicht auf den Mund gefallen*, a.a.O., S. 58
51 Salcia Landmann: *Jüdische Anekdoten und Sprichwörter*, München 1965, S. 57
52 Nach Lutz Röhrich: *Der Witz*, München 1980, S. 100
53 Wolf Ruede-Wissmann: *Satanische Verhandlungskunst und wie man sich dagegen wehrt*, München 1993, S. 92
54 Zitiert nach Michael Titze: »Objekte als Merkmalsträger bei Kindern, Schizophrenen und Angehörigen von Naturvölkern«, in: *Zeitschrift für Individualpsychologie*, 3, 1978, S. 104
55 Nach Wolfgang Krämer: *Aus Kindermund*, München 1958
56 Nach Eike Ch. Hirsch: *Der Witzableiter*, a.a.O., S. 107
57 Roland Hagenbüchle: »Was heißt ›paradox‹«, in: Paul Geyer u. Roland Hagenbüchle (Hrsg.): *Das Paradox*, Tübingen 1992, S. 37
58 Johannes Gruntz-Stoll: *Ernsthaft humorvoll*, Bad Heilbrunn 2001, S. 99
59 Nach Idries Shah: *Die fabelhaften Heldentaten des vollendeten Narren und Meisters Mulla Nasrudin*, a.a.O., S. 14
60 Nach Peter Köhler (Hrsg.): *Das Anekdoten-Buch*, a.a.O., S. 168

61 Ernst J. Kiphard: *Der Clown in dir*, Hannover 1986, S. 14
62 Otto F. Best u. Hans-Jürgen Schmitt (Hrsg.): *Expressionismus und Dadaismus*, Stuttgart 2000, S. 291 f.
63 Christian Morgenstern: *Galgenlieder*, München 1963, S. 148
64 Ernst Jandl: *lechts und rinks*, München 2000, S. 74
65 René Schweizer: *Das GAGAistische MANIFEST*, Basel 1979, S. 9
66 »Fluxus« bedeutet nichts anderes als »Fluss«!
67 Aus Ernst J. Kiphard: *Der Clown in dir*, a.a.O., S. 50
68 *Vor Gebrauch kräftig schütteln. Berühmte Texte vom Computer neu übersetzt*, Frankfurt/M. 2001, S. 138
69 »Fun as Psychotherapy«, in: Albert Ellis u. Russell Grieger (Hrsg.): *Handbook of Rational-Emotive Therapy*, Berlin, New York 1977
70 Zitiert nach Jeffrey K. Zeig: »The Humor of Milton H. Erickson«, in: *Humor & Health Journal*, IX, 1, 2000, S. 5
71 Nach Bernhard Trenkle (Hrsg.): *Das Ha-Handbuch der Psychotherapie*, Heidelberg 1994, S. 84 f.
72 Janwillem van de Wetering: *Der leere Spiegel. Erfahrungen in einem japanischen Zen-Kloster*, Reinbek 1994, S. 14
73 Nach Erich Fromm, Daisetz T. Suzuki u. Richard de Martino: *Zen-Buddhismus und Psychoanalyse*, Frankfurt/M. 1972, S. 62
74 Toshihiko Izutsu: *Philosophie des Zen-Buddhismus*, Reinbek 1979, S. 64
75 Ebd., S. 108
76 Zitiert nach Philip Kapleau: *Die drei Pfeiler des Zen*, München 1981, S. 127
77 Zitiert nach Michael Titze: *Die heilende Kraft des Lachens*, München, 4. Aufl. 2001, S. 257
78 Zitiert nach Waleed A. Salameh: »Laughter and Emotional Liberation: The Zen of Humor«, in: *Humor & Health Letter*, IV, 1, 1995, S. 3 f.
79 Paul Ekman: *Gesichtsausdruck und Gefühl*, Paderborn 1988
80 Robert Zajonc: »Emotional and Facial Efference«, in: *American Association for the Advancement of Science*, 1985
81 *Frankfurter Allgemeine Zeitung* vom 7. Oktober 2002
82 Dieser Einfall geht auf Alfred Gerhards zurück
83 Nach Herrmann Mostar: *Friederike Kempner, der schlesische Schwan*, München 1965
84 Werner Finck u. Bartel F. Sinhuber: *Stich-Worte zum Vor-, Nach- und Zuschlagen*, München, Berlin 1982, S. 90
85 Aus Eingaben an Behörden
86 Nach Notker Helfenberger und Wolfgang Krämer

87 Volker Meid (Hrsg.): *Hochschule des Lachens*, München, Zürich 1991, S. 71
88 Arthur Koestler: *Der Mensch: Irrläufer der Evolution*, Frankfurt/M. 1990, S. 155
89 Nach Peter Köhler (Hrsg.): *Das Anekdoten-Buch*, a.a.O., S. 173
90 Barbara Rütting: *Lachen wir uns gesund*, München 2001, S. 124
91 Nach H. E. Rübsamen (Hrsg.): *Lachobst, importiert aus aller Welt*, München 1972, S. 41
92 Nach Peter Köhler (Hrsg.): *Das Anekdoten-Buch*, a.a.O., S. 91
93 Nach Dieter Zittlau: *Schlagfertig kontern in jeder Situation*, a.a.O., S. 133
94 Nach Eike Ch. Hirsch: *Der Witzableiter*, a.a.O., S. 41
95 Sigmund Freud: »Der Witz und seine Beziehung zum Unbewussten«, a.a.O., S. 213
96 Ebd., S. 281
97 Eleonore Höfner u. Hans-Ulrich Schachtner: *Das wäre doch gelacht!*, Reinbek 1997, S. 121–126
98 Nach Karsten Bredemeier: *Provokative Rhetorik?*, a.a.O., S. 173
99 Nach Eberhard Puntsch: *Witze, Fabeln, Anekdoten*, a.a.O., S. 525
100 Nach Allen Klein: *The Healing Power of Humor*, New York 1989, S. 56
101 Nach Paul McGhee: *Humor Log*, Dubuque/Iowa 1994, S. 61
102 Nach Eike Ch. Hirsch: *Der Witzableiter*, a.a.O., S. 51
103 Paul Watzlawick, John H. Weakland u. Richard Fisch: *Lösungen*, Bern 1974
104 Nach Matthias Pöhm: *Nicht auf den Mund gefallen*, a.a.O. (gilt auch für einige der folgenden Beispiele)
105 »Humor Immersion Training«, in: Michael Titze: *Die heilende Kraft des Lachens*, a.a.O., S. 331 f.
106 Matthias Nöllke: *Schlagfertigkeit*, a.a.O., S. 66
107 Zitiert nach Karsten Bredemeier: *Provokative Rhetorik?*, a.a.O., S. 147
108 Barbara Berckhan: *Die etwas intelligentere Art, sich gegen dumme Sprüche zu wehren*, München, 15. Aufl. 2002, S. 67 ff.

Humorvolle Sprüche und Stilblüten

Sprüche

Am Abgrund ist Vorbeugen schlechter als Heilen.
An der Spitze stehen ist uns noch viel zu weit hinten.
Auch Zwerge haben klein angefangen.
Besser eine ordentliche Ruhepause als eine pausenlose Unruhe.
Da Gott nicht alles alleine machen wollte, schuf er Mütter.
Das Gesicht ist euch geschenkt, lachen müsst ihr selber.
Das kann ja Eiter werden.
Eine Kuh macht Muh, viele Kühe machen Mühe.
Es genügt nicht, keine Meinung zu haben. Man muss auch unfähig sein, sie auszudrücken.
Gescheit, gescheiter, gescheitert.
Wer zuletzt lacht, stirbt wenigstens fröhlich.
Es muss im Leben doch mehr als alles geben.
Heute ist der erste Tag vom Rest deines Lebens.
Ich hab so einen Durst, dass ich vor Hunger ganz müde bin.
In meinem Zimmer rußt der Ofen, in meinem Herzen ruhst nur du.
Jung kaputt spart Altersheim.
Keiner ist unnütz. Er kann immer noch als schlechtes Beispiel dienen.
Nimm's leicht, nimm mich.
Alle denken nur an sich – nur ich denke an mich!
Die Stoßstange ist aller Laster Anfang.
Sie wollen nur unser Bestes, doch das kriegen sie nicht.
Tumor ist, wenn man trotzdem lacht.
Irren ist menschlich – Recht haben ist unmenschlich.
Alles wird von Tag zu Tag schwerer – ich auch.
Ordnung ist das halbe Leben – Unordnung die andere Hälfte.
Ewig währt am längsten.
Alle reden vom Energiesparen, ich spare meine.
Es führt nur ein Weg zur Lunge – und der muss geteert werden.
Ich antworte mit einem entschiedenen Vielleicht.
Stell dir vor, jemand sagt was und ein anderer hört zu!
Eine Lösung hätte ich, aber sie passt nicht zum Problem.
Wer am Ende ist, kann wenigstens nicht von vorn anfangen.
Stell dir vor, du gehst in dich – und keiner ist da.
Wer nichts von festen Bindungen hält, sollte nicht Ski fahren.

Wer morgens zerknittert aufwacht, hat tagsüber viele Entfaltungsmöglichkeiten.
Wenn ich die meisten meiner Freunde nicht hätte, hätte ich auch die meisten meiner Probleme nicht.
Wenn jeder an sich denkt, ist an alle gedacht.
Wenn es die Ehe nicht gäbe, müssten Mann und Frau gegen wildfremde Leute kämpfen.
Drum prüfe, wer sich ewig trennt, ob er schon was Bessres kennt.
Das einzige Problem beim Nichtstun ist, dass man nie weiß, wann man fertig ist.
Das Einzige, was den Haarausfall aufhält, ist der Fußboden.
Die beste Versicherung gegen Haarausfall ist eine Glatze. (Telly Savalas)
Wem das Wasser bis zum Halse steht, der sollte den Kopf nicht hängen lassen.
Liebet eure Feinde – das schadet ihrem Ruf.
Ich denke, also bin ich hier falsch.
Wir sind die, mit denen wir früher nicht spielen durften.
Bei kaltem Wetter läuft die Nase, bei kaltem Bier passiert's der Blase.
Bei uns kann jeder werden, was er will – ob er will oder nicht.
Wo wir sind, klappt nichts, doch wir können nicht überall sein.
Maßhalten sollte man nie übertreiben!
Man kann einer Versuchung nur entgehen, indem man ihr erliegt. (Oscar Wilde)
Was ist wohl nasser als Tränen im Wasser? (Arthur Koestler)
Lieber mehr Glück als Verstand.
Mit den Blättern spielt der Wind – und wer befasst sich mit mir?

Sprichwortparodien

Lieber eine Laus im Pott als gar kein Fleisch.
Lieber ein arbeitsloses Geschlechtstier als ein geschlechtsloses Arbeitstier.
Lieber ein schlechter Gewinner als ein guter Verlierer.
Lieber ein stadtbekannter Säufer als ein anonymer Alkoholiker.
Lieber 'ne gesunde Verdorbenheit als 'ne verdorbene Gesundheit.
Lieber Ostern als Western.
Lieber eine Taube im Bett als eine Schwerhörige auf dem Dach.
Lieber reich und gesund als arm und krank.
Lieber ein Haar in der Suppe als Suppe im Haar.
Lieber heimlich schlau als unheimlich blöd.

Lieber einen wackligen Kneipentisch als eine feste Beziehung.
Lieber Blödeleien als blöde Laien.
Nieder mit der Schwerkraft, es lebe der Leichtsinn.

Verballhornte Sprichwörter

Der Apfel fällt den stärksten Baum.
Die dünnsten Bauern tragen die wärmsten Pantoffeln.
Stell dir vor, du stellst dich vor – und keiner stellt dich ein!
Steter Tropfen höhlt die Leber.
Und bist du nicht billig, so pfänd ich's Gehalt!
Links ist dort, wo die Nase hinten ist.
Wie man sich bettet, so schallt es heraus.
Irren ist ärztlich.
Wer andern in der Nase bohrt, ist selbst ein Schwein.

Stilblüten – aus Eingaben an Behörden und Versicherungen

»Ich habe Rheumatismus und ein Kind von vier Jahren, das auf die Feuchtigkeit zurückzuführen ist.«
»Ich war an dem Unfall nicht schuld! Schuld war die junge Frau im Minirock. Wenn Sie ein Mann sind, ist jede weitere Erklärung überflüssig, wenn Sie aber eine Frau sind, verstehen Sie es sowieso nicht!«
»Um den Zusammenstoß zu vermeiden, steuerte ich gegen den anderen Wagen.«
»Die Unfallzeugen sind beigeheftet.«
»Während ich die Straße normal befuhr, überkam mich das Verlangen, mich zu erleichtern, weswegen ich das Fahrzeug am Rand anhielt und mich in ein nahes Gebüsch begab. Nachdem ich die Hosen hinuntergelassen hatte, kam der Gegner und gab's mir von hinten mit dem Kipper.«
»Ich sah ein trauriges Gesicht langsam vorüberschweben, dann schlug der Herr auf dem Dach meines Wagens auf.«
»Im hohen Tempo näherte sich die Telegraphenstange. Ich schlug einen Zickzackkurs ein, aber dennoch traf mich die Telegraphenstange am Kühler.«
»Ich bin von Beruf Schweißer. Ihr Computer hat an der falschen Stelle gespart und bei meinem Beruf das w weggelassen.«
»Ihre Argumente sind wirklich schwach. Für solche faulen Ausre-

den müssen Sie sich einen Dümmeren suchen, aber den werden Sie kaum finden.«
»Dr. Meyer-Schulze hat mir neue Zähne eingesetzt, die zu meiner Zufriedenheit ausgefallen sind.«
»Alle Glasteile an meinem Wagen gingen bei dem Totalschaden zu Blech.«
»Mein Gehilfe hat auf dem Abortdeckel gearbeitet, dabei ist ihm etwas Schweres hinuntergefallen, was die Schüssel zertrümmert hat.«
»Ein Fußgänger rannte in mich und verschwand dann wortlos unter meinem Wagen.«
»Ihr Schreiben zwecks Genehmigung der Darmbadkur ist bei mir heute in Einlauf gekommen.«
»Da ich mit meinem Mann nicht mehr zusammenlebe, bitte ich Sie höflichst, Ihren zuständigen Vertreter zu schicken.«
»Der Mopedfahrer, der am Tatort alles miterlebte, hatte der Fahrerin meines PKW erklärt, dass er seiner Zeugungspflicht nachkommen wird.«
»Ich kollidierte mit einem geparkten PKW, der aus der anderen Richtung kam.«
»Sie sah mich plötzlich, verlor ihren Kopf und wir stießen zusammen.«
»Ich dachte, mein Fenster wäre nach oben gekurbelt. Ich stellte aber fest, dass es oben war, als ich meinen Kopf rausstreckte.«
»Die indirekte Ursache des Unfalls war ein kleiner Kerl in einem winzigen Auto mit einem großen Mund.«

Stilblüten aus Schulaufsätzen

»Die Vögel picken dem Landmann die Würmer aus der Furche.«
»Zur Zeit der Kreuzzüge warteten die Burgfrauen auf ihre ausgezogenen Ritter.«
»Der Alte Fritz wäre ohne seinen Vater nicht denkbar.«
»Was der Mist ist für die Pflanze, ist die Schule für die Jugend.«
»Wasser hat eine so mächtige Gewalt, dass es selbst der stärkste Mann nicht halten kann.«
»Wenn ich morgens im Bett liege, höre ich das Wasser rauschen. Es ist mein Vater.«
»Als meine Schwester, die Braut, auf dem Standesamt ankam, war es der Standesbeamte, der unter Zeugen an ihr die Ehe vollzog.«
»Nomaden sind Leute, die sich immer nur für kurze Zeit auf einem gewissen Ort aufhalten.«
»Die Einehe nennt man Monotonie.«

»Italien ist ein hoher Stiefel, der bis zum Po geht.«
»Siegfried hatte eine geheime Stelle, die er nur der Kriemhild zeigte.«
»Die Wirbelsäule ist ein Knochen, der den Rücken runterläuft. Am oberen Teil sitzt der Kopf und am unteren Teil sitze ich.«
»Meine Vorderzähne sind alle gesund, nur im Hinteren habe ich ein Loch.«
»Am Muttertag ist der Verkehr am stärksten.«
»Als der Ministerpräsident auf die Straße trat, entblößte sich der größte Teil der Umstehenden.«
»Unser Hund ist sehr nett. Er frisst alles, besonders liebt er Kinder.«
»Meine bisherige Schule war früher ein Waisenhaus. Daran erinnert über dem Eingang noch eine ausgehauene Frau, die vorne einen Buben und hinten ein Mädchen empfängt.«
»Alle Schüler müssen sich im Hof aufhalten. Ein Lehrer führt die Aufsicht. In seiner Mitte befindet sich ein alter Springbrunnen.«
»Vor 14 Tagen gab es in der Wirtschaft meiner Tante eine Schlägerei wegen einer Kellnerin, welche sich auf der Straße fortpflanzte.«
»Auf der letzten Seite der Zeitung stehen die Annoncen, manche setzen große, manche auch kleine Geschäfte hinein.«
»Die alte Witwe hatte nun hinten und vorne nichts mehr und konnte ihre tägliche Notdurft nur mithilfe einer armseligen Kuh verrichten.«
»Den Rebellen fiel schließlich auch der Stuhl des Bischofs in die Hände.«
»Früher behielt man vor den Damen den Hut auf und entblößte sich erst, wenn diese es wünschten.«
»Nachdem sich Siegfried im Drachenblut gebadet hatte, blieb er für sein ganzes Leben hartleibig.«
»Als Elsa mit Lohengrin über ein Jahr verheiratet war, fragte sie ihn, welchen Geschlechts er sei.«
»Jetzt verbarg sich Wilhelm Tell rasch hinter einem Busch, drückte los, und das Werk der Befreiung war getan.«
»Und Athene schickte ihm einen Wind von hinten.«
»Cäsars Soldaten machten sofort das Lager voll und jeder stand bei seinem Haufen.«
»Von der Geiß bekommen wir die Milch, Butter und Käse, und vom Bock das Bier.«
»Beim Roten Kreuz widmen sich Männer und Damen ganz der Liebe. Manche tun es umsonst, manche bekommen es bezahlt.«

Literatur

Aldinger, Marco: *Bewusstseinserheiterung. Weisheitsgeschichten*, Freiburg 1998

Allen, Woody: *Wie du dir, so ich mir*, Reinbek 1978

Berckhan, Barbara: *Die etwas intelligentere Art, sich gegen dumme Sprüche zu wehren. Selbstverteidigung mit Worten. Mit Trainingsprogramm*, München, 15. Aufl. 2002

Best, Otto F. u. Schmitt, Hans-Jürgen (Hrsg.): *Expressionismus und Dadaismus*, Stuttgart 2000

Birkenbihl, Vera F.: *Humor: An Ihrem Lachen soll man Sie erkennen*, Landsberg 2001

Bredemeier, Karsten: *Provokative Rhetorik? Schlagfertigkeit!*, München 2001

von Clausewitz, C.: *Vom Kriege*, Augsburg 1990

Ekman, Paul: *Gesichtsausdruck und Gefühl. 20 Jahre Forschung von Paul Ekman*, Paderborn 1988

Ellis, Albert u. Grieger, Russell (Hrsg.): *Handbook of Rational-Emotive Therapy*, Berlin, New York 1977

Ernst, Heiko: »Intuition – Können wir unserem Bauchgefühl vertrauen?«, in: *Psychologie heute*, März 2003, S. 20–27

Frankl, Viktor E.: *Ärztliche Seelsorge. Grundlagen der Logotherapie und Existenzanalyse*, Frankfurt/M., 7. Aufl. 1998

Freud, Sigmund: »Der Humor«, in: *Studienausgabe, Band IV*, Frankfurt/M. 1982

Freud, Sigmund: »Der Witz und seine Beziehung zum Unbewussten«, in: *Studienausgabe, Band IV*, Frankfurt/M. 1982

Fromm, Erich, Suzuki, Daisetz T. u. de Martino, Richard: *Zen-Buddhismus und Psychoanalyse*, Frankfurt/M. 1972

Geyer, Paul u. Hagenbüchle, Roland (Hrsg.): *Das Paradox. Eine Herausforderung des abendländischen Denkens*, Tübingen 1992

Greenburg, Dan: *How to Make Yourself Miserable*, New York 1966

Gruntz-Stoll, Johannes: *Ernsthaft humorvoll. Lachen(d) Lernen in Erziehung und Unterricht, Beratung und Therapie*, Bad Heilbrunn 2001

Hirsch, Eike Ch.: *Der Witzableiter*, Hamburg 1987

Höfner, Eleonore u. Schachtner, Hans-Ulrich: *Das wäre doch gelacht! Humor und Provokation in der Therapie*, Reinbek 1997

Holtbernd, Thomas: *Führungsfaktor Humor. Wie Sie und Ihr Unternehmen davon profitieren können*, Frankfurt/M. 2003

Hübl, Michael: »Spurenelement. Scherz, Witz und Ironie in der Ge-

genwartskunst, mit einem ausführlichen Rückblick auf Fluxus«, in: *Kunstforum, Band 120*, 1992, S. 102 f.
Izutsu, Toshihiko: *Philosophie des Zen-Buddhismus*, Reinbek 1979
James, Oliver: *Britain on the Couch*, London, 3. Aufl. 1998
Jandl, Ernst: *lechts und rinks. gedichte, statements peppermints*, München 2000
Johnstone, Keith: *Improvisationstheater*, Berlin 1998
Kapleau, Philip: *Die drei Pfeiler des Zen*, München 1981
Kierkegaard, Søren: *Über den Begriff der Ironie*, Gütersloh 1984
Kiphard, Ernst J.: *Der Clown in dir*, Hannover 1986
Klein, Allen: *The Healing Power of Humor*, New York 1989
Köhler, Peter (Hrsg.): *Das Anekdoten-Buch*, Stuttgart 2001
Koestler, Arthur: *Der Mensch: Irrläufer der Evolution*, Frankfurt/M. 1990
Landmann, Salcia, *Jüdische Anekdoten und Sprichwörter*, München 1965
Landmann, Salcia: *Jüdische Witze*, München 1963
Löcknitz, Kurt von: *Starker Tobak*, Darmstadt o.J.
McGhee, Paul: *Humor Log*, Dubuque/Iowa 1994
Meid, Volker (Hrsg.): *Hochschule des Lachens*, München, Zürich 1991
Morgenstern, Christian: *Galgenlieder*, München 1963
Mostar, Herrmann: *Friederike Kempner, der schlesische Schwan*, München 1965
Nöllke, Matthias: *Schlagfertigkeit*, Freiburg 2002
Nuber, Ursula: »Dankbarkeit, der Schlüssel zur Zufriedenheit«, in: *Psychologie heute*, November 2003, S. 20–25
Opaschowski, Horst W.: *Feierabend? Von der Zukunft ohne Arbeit zur Arbeit mit Zukunft!*, Opladen 1998
Pack, Bodo: *Schlag zurück!*, Norderstedt 2001
Paul, Jean: »Vorschule der Ästhetik«, in: *Gesammelte Werke, 5. Band*, München 1980
Paulos, John Allen: *Ich lache, also bin ich. Einladung zur Philosophie*, Frankfurt/M., New York 1991
Pines, Ayala, Aronson, Elliot u. Kafry, Ditsa: *Ausgebrannt. Vom Überdruß zur Selbstentfaltung*, Stuttgart, 9. Aufl. 2001
Pöhm, Matthias: *Nicht auf den Mund gefallen. So werden Sie schlagfertig und erfolgreicher*, Landsberg 1999
Pöhm, Matthias: *Das Non-Plus-Ultra der Schlagfertigkeit. Die besten Techniken aller Zeiten*, Landsberg 2002
Puntsch, Eberhard: *Witze, Fabeln, Anekdoten*, Augsburg 1990
Röhrich, Lutz: *Der Witz. Seine Formen und Funktionen*, München 1980

Ruddies, Günther H.: *Vergnügliche Seelenkunde*, München 1983
Rübsamen, H. E. (Hrsg.): *Lachobst, importiert aus aller Welt*, München 1972
Ruede-Wissmann, Wolf: *Satanische Verhandlungskunst und wie man sich dagegen wehrt*, München 1993
Rütting, Barbara: *Lachen wir uns gesund. Anleitung zu einem fröhlichen Leben*, München 2001
Ruhleder, Rolf H.: *Rhetorik, Kinesik, Dialektik, Redegewandtheit, Körpersprache, Überzeugungskunst*, Bonn 1990
Salameh, Waleed A.: »Laughter and Emotional Liberation: The Zen of Humor«, in: *Humor & Health Letter*, IV, 1, 1995, S. 3 f.
Schweizer, René: *Das GAGAistische MANIFEST. Die Neue Schrift zur Verblüffung des Erdballs*, Basel 1979
Shah, Idries: *Die fabelhaften Heldentaten des vollendeten Narren und Meisters Mulla Nasrudin*, Freiburg 1991
Titze, Michael: *Die heilende Kraft des Lachens. Mit Therapeutischem Humor frühe Beschämungen heilen*, München, 4. Aufl. 2001
Titze, Michael: *Heilkraft des Humors. Therapeutische Erfahrungen mit Lachen*, Freiburg 1985
Titze, Michael: »Humor: Therapie für die Spaßgesellschaft?«, in: *Psychologie heute*, Januar 2000, S. 60–63
Titze, Michael u. Eschenröder, Christof T.: *Therapeutischer Humor. Grundlagen und Anwendungen*, Frankfurt/M., 4. Aufl. 2003
Titze, Michael u. Gröner, Horst: *Was bin ich für ein Mensch? Anleitung zur Menschenkenntnis*, Freiburg 1989
Trenkle, Bernhard: *Das Ha-Handbuch der Psychotherapie*, Heidelberg 1994
Ustinov, Peter: *Geflügelte Worte*, München 2001
Walf, Knut: *Tao für den Westen. Weisheit, die uns nottut*, München 1997
Watzlawick, Paul, Weakland, John H. u. Fisch, Richard: *Lösungen. Zur Theorie und Praxis menschlichen Wandels*, Bern 1974
Weghorn, Peter: *Der Rhetorik-Profi*, Wien, Frankfurt/M. 1996
Wetering, Janwillem van de: *Der leere Spiegel. Erfahrungen in einem japanischen Zen-Kloster*, Reinbek 1994
Wippich, Jürgen u. Derra-Wippich, Ingrid: *Frank Farrelly: Playing the devil's advocate – Des Teufels Advocat spielen,* Konstanz 1991
Zeig, Jeffrey K.: »The Humor of Milton H. Erickson«, in: *Humor & Health Journal*, IX, 1, 2000, S. 5
Zittlau, Dieter: *Schlagfertig kontern in jeder Situation. Nie wieder sprachlos: mit dem richtigen Argument zur richtigen Zeit*, München 2000